CONSTANÇA MARCONDES CESAR
MARLY BULCÃO
(Organizadoras)

SARTRE
e seus contemporâneos

Ética, Racionalidade e Imaginário

EDITORA
**IDEIAS&
LETRAS**

DIRETOR EDITORIAL:
Marcelo C. Araújo

EDITORES:
Avelino Grassi
Márcio F. dos Anjos

EDITOR ADJUNTO:
Edvaldo Manoel de Araújo

COORDENAÇÃO EDITORIAL:
Ana Lúcia de Castro Leite

COPIDESQUE:
Maria Silvia Mourão

REVISÃO:
Ana Lúcia de Castro Leite
Bruna Marzullo
Leila Cristina Dinis Fernandes

DIAGRAMAÇÃO E CAPA:
Juliano de Sousa Cervelin

© Ideias & Letras, 2016

2ª impressão

EDITORA
IDEIAS&
LETRAS

Rua Tanabi, 56 – Água Branca
Cep: 05002-010 – São Paulo/SP
(11) 3675-1319 (11) 3862-4831
Televendas: 0800 777 6004
vendas@ideiaseletras.com.br
www.ideiaseletras.com.br

Dados Internacionais de Catalogação na Publicação (CIP)
(Câmara Brasileira do Livro, SP, Brasil)

Sartre e seus contemporâneos: ética, racionalidade e imaginário / Constança Marcondes Cesar, Marly Bulcão (organizadoras) – Aparecida, SP: Ideias & Letras, 2008.

Vários autores
Bibliografia
ISBN 978-85-7698-019-3

1. Existencialismo 2. Filosofia 3. Sartre, Jean Paul, 1905-1980 I. Cesar, Constança Marcondes. II. Bulcão, Marly.

08-09306
CDD-142.78

Índices para catálogo sistemático:

1. Sartre e seus contemporâneos: Filosofia 142.78

SUMÁRIO

Apresentação – 5

1. Jean-Paul Sartre – O Filósofo da Esperança – 9
   Elyana Barbosa

2. A Noção de Imaginação: Bachelard Crítico de Sartre – 17
   Marly Bulcão

3. O Mesmo e o Outro na Ética de Emmanuel Lévinas – 39
   Creusa Capalbo

4. O Mesmo e o Outro:
   Uma Perspectiva sobre a Noção de Pessoa em Paul Ricoeur – 51
   Constança Marcondes Cesar

5. Sartre: da Consciência do *Ser e o Nada*
   ao Existencialismo Humano – 65
   Cléa Góes

6. Gabriel Marcel: A Filosofia da Existência
   como Neossocratismo – 79
   Paulo de Tarso Gomes

7. O Inautêntico e a Noção do "Nós" em Heidegger e Sartre – 93
   Arlindo F. Gonçalves Jr.

8. O Sentido do Engajamento em Emmanuel Mounier
   e em Jean-Paul Sartre – 115
   Alino Lorenzon

9. A Percepção como Revelação do Mundo:
   A Fenomenologia de Merleau-Ponty – 131
   João Carlos Nogueira

10. A Moral em Sartre: Uma Porta para o Impossível? – 147
    Luís Claudio Pfeil

11. A Má-Fé na Analítica Existencial Sartriana – 161
    Jorge Freire Póvoas

12. O Teatro de Sartre Revisitado – 199
    Antônio Braz Teixeira

APRESENTAÇÃO

Sartre é um dos pensadores do século XX mais conhecidos do grande público. Sua obra filosófica, literária e política teve enorme repercussão, trazendo para o primeiro plano temas importantes para o homem contemporâneo.

Esta obra é expressão de um momento criador que envolve não apenas Sartre, mas todo um leque de autores significativos, dos quais destacaremos apenas alguns, seja porque influíram diretamente na constituição da filosofia de nosso pensador, seja porque conviveram com ele, estabelecendo diálogos ou oposições à sua reflexão.

Sartre viveu de 1905 a 1980. Na origem de sua filosofia, encontramos dois mestres que marcaram de modo irrecusável as reflexões do século XX: Husserl (1859-1938) e Heidegger (1889-1976). Husserl ofereceu a Sartre o método fenomenológico, cuja relevância para toda a filosofia existencial é amplamente reconhecida. O estágio de Sartre, em 1933-1934, nos Arquivos Husserl em Berlim, sem dúvida possibilitou ao nosso pensador uma experiência altamente significativa para toda a sua obra ulterior.

O exame da analítica existencial do ser humano feita por Heidegger em *Ser e tempo* (1922) mostra pontos de analogia entre o filósofo alemão e a temática sartreana de *O ser e o nada* (1943). Não se trata, é preciso destacar, de uma analogia entre posições filosóficas, mas entre temáticas: a existência, a angústia, a temporalidade, a liberdade, o ser com os outros.

O existencialismo ateu de Sartre opõe-se radicalmente ao existencialismo cristão de Gabriel Marcel (1889-1973). Sua compreensão do significado do homem, embora aborde temas comuns, como os já citados, é diametralmente oposta: o divisor de águas é a negação, em Sartre, de qualquer transcendente, encerrando o homem na finitude, cujo significado será encontrado no exercício da liberdade e da ação política. Tanto Marcel como Emannuel Mounier (1905-1950), o filósofo personalista, apresentam a face cristã do pensamento francês da primeira metade do século XX. Engajado como Sartre na ação política, buscando alternativas para a vida social do homem no período entre guerras, Mounier funda a revista *Esprit* (1932), para difundir uma perspectiva humanista, pondo em primeiro plano a discussão sobre ética e sociedade.

O contraponto à atuação de Mounier, na obra de Sartre, foi dado pela fundação e participação deste na revista *Les temps Modernes* (1945), que expõe a segunda fase da obra do filósofo: seu engajamento político.

Um contemporâneo importante, menos conhecido do grande público, companheiro de Sartre na Escola Normal Superior de Paris e mais tarde colaborador da revista *Les temps Modernes* – cuja codireção abandonou depois, por divergências políticas com o amigo – é Maurice Merleau-Ponty (1908-1961). Sua obra talvez seja uma das mais originais contribuições da filosofia francesa do século XX. Adota posições filosóficas distintas das de Sartre, estabelecendo, no âmbito da análise do ser humano, um foco de atenção inteiramente novo: a consideração do pré-reflexivo, da relação consciência-mundo anterior à oposição sujeito-objeto, aprofundando a meditação husserliana a respeito do *mundo da vida*. O engajamento e os debates no âmbito político expressam-se em sua crítica ao marxismo da época, aos totalitarismos, em obras como *As aventuras da dialética* e *Humanismo e terror*. Um tema comum em relação a Sartre: a reflexão sobre a liberdade. E uma das rupturas: o afastamento de ambos, em vista das diferentes posições políticas assumidas.

Deixamos deliberadamente de lado, no presente texto, as polêmicas e o diálogo entre o existencialismo sartreano e o marxismo da época, pois, apesar da importância do tema dada a sua amplitude, pensamos que merece um estudo à parte. Ativemo-nos a autores vinculados às escolas fenomenológica e hermenêutica, na certeza de termos apontado a coexistência, no tempo, de alguns dos mais expressivos pensadores franceses, e indicado suas fontes comuns.

Convivendo com a fase dos estudos sartreanos sobre o imaginário, entre 1934 e 1939, e com os seus textos literários e de teatro que se desencadeiam a partir de então, encontramos a obra poética de Bachelard (1884-1962), que, de 1938 até sua morte, desdobrou-se em contraponto a suas reflexões sobre a ciência. Estas últimas influíram profundamente em Georges Canguilhem (1904), contemporâneo de Sartre na Escola Normal Superior, em Paris, ao lado de Merleau-Ponty e Raymond Aron (1905-1983). Em 1955, Canguilhem sucedeu Bachelard na Sorbonne. Na pluralidade de métodos que utilizou, Bachelard atribuiu um lugar importante ao método fenomenológico, propondo uma fenomenologia do imaginário e uma epistemologia da razão aberta.

Vinculado a Mounier, um importante colaborador da revista *Esprit* foi Paul Ricoeur (1916-2005). Tributário da escola fenomenológica, tradutor de Husserl e estudioso de Heidegger, Ricouer é uma das vozes mais significativas da filosofia francesa do século

XX. Dono de uma espantosa erudição, caracterizou-se pelo diálogo com diferentes correntes e, raridade na filosofia francesa da época, também esteve atento ao pensamento anglo-saxão. Marcada por preocupações éticas, antropológicas e políticas, sua obra expressa o encontro da fenomenologia com a hermenêutica. Recupera a reflexão sobre a transcendência e o sagrado em textos monumentais, como *A simbólica do mal* e *Tempo e narrativa*. Ricouer inscreve-se na linhagem da filosofia de inspiração cristã, tendo sido amigo e colaborador de Mounier e conhecedor da obra de Marcel, à qual dedicou seus primeiros escritos. No entanto, seu trabalho amplia consideravelmente as perspectivas de Marcel e Mounier, situando-o como um dos maiores representantes da escola hermenêutica. Na qualidade de "opositor dialogante", é um dos mais poderosos contrapontos à filosofia de Sartre, pelas sínteses superadoras que soube realizar.

O tempo em que Sartre viveu foi uma época de efervescência, de polêmicas, de debates sobre o valor do homem, da vida criadora, que tornou a França do século XX um ponto focal da cultura e da liberdade, da civilização contra a barbárie.

Constança Marcondes Cesar
Pontifícia Universidade Católica de Campinas

1

Jean Paul Sartre, o Filósofo da Esperança

Elyana Barbosa[1]

O comum é considerar Sartre o filósofo da liberdade, o que ele verdadeiramente é, pois o núcleo do seu pensamento é a questão da liberdade. Em 15 de abril de 2000, celebramos os vinte anos da morte do filósofo mais controvertido do nosso século (21--06-1903 ~ 15-04-1980). Sartre foi o filósofo da minha geração. A maioria dos intelectuais lia Sartre, comentava e seguia a sua filosofia existencial. Na época (décadas de 60 e 70), ainda estudante de Filosofia, não tinha maturidade suficiente para compreender a importância das suas ideias. Sabia, pelas notícias, que ele havia tomado anfetamina com o único intuito de acabar de escrever a *Crítica da razão dialética* (1960), ideias que eram para entrar em *O ser e o nada* (1943) mas que, por motivos políticos, resolveu não incluir nesse livro. Assim, a *Crítica da razão dialética*, segundo o próprio Sartre, nada mais é que

---

[1] Doutora em Filosofia pela USP, professora da Pós-Graduação da UFBA (PROPAP), autora de *Gaston Bachelard o arauto da pós-modernidade* (EDUFBA), e de *Bachelard, pedagogia da razão e pedagogia da imaginação* (Vozes).

uma continuação de *O ser e o nada*, guardadas as devidas proporções, é claro, porque entre uma obra e outra se passaram dezessete anos. Sartre tinha problemas de visão e os médicos haviam avisado que a anfetamina iria apressar a sua "cegueira", mas ele assumiu o risco, fiel a um dos preceitos de sua filosofia: o homem é o único responsável pelos seus atos.

Estive com Sartre e Simone de Beauvoir pessoalmente (1960), quando ambos entravam no CEAO (Centro de Estudos Afro-Orientais) da UFBA. Sem acreditar no que estava vendo, levei o casal para falar com o diretor. (Sartre estava preocupado com as guerras que vinham ocorrendo na África.) Lembro que nessa noite não dormi de tanta excitação. Para mim, ainda adolescente, ver aqueles dois grandes filósofos, frente a frente, era o máximo. Era como se eles fossem amigos íntimos; por estudar as suas ideias e atitudes, era como se já conhecesse a sua alma. Sartre era transparente, a sua obra e a sua vida estavam estreitamente relacionadas. Até hoje sinto que sua filosofia deixou marcas profundas no meu modo de ser e de agir. Ser existencialista era uma opção de caráter, de dignidade, não de "desbunde", como pensavam os reacionários burgueses e os intelectuais mais conservadores.

O pós-guerra foi uma época de muito sofrimento. Sartre chegou a afirmar que "éramos um monte de existências enfadadas, embaraçadas de nós mesmos, sem a menor razão para estarmos aí, nem uns nem outros; cada existente, confuso, inquieto, sentia-se demais em relação aos outros. (...) E eu-fraco, enlanguescido, obsceno, digerindo, movendo mornos pensamentos – eu também era demais. (...) A palavra 'absurdidade' nasce agora sob minha pena. (...) E sem nada formular claramente, compreendi que havia encontrado a chave da existência, a chave de minhas náuseas, de minha própria vida. De fato, tudo que consegui apreender em seguida se reduz a essa absurdidade fundamental" (*La Nausée*, p. 163-4).

Quando o texto de *A náusea* foi proposto com o título original *Melancholia* (1938), foi recusado para publicação. Como o título *A náusea* manifestava principalmente a falta de sentido da existência humana, foi então aceito para publicação e hoje é um dos seus livros mais lidos de todos os tempos. Borheim afirma que "a experiência da náusea põe de manifesto ao menos três coisas. Em primeiro lugar, a necessidade de converter a revelação do absurdo em um sentido que justifique a existência humana: o existencialismo deve ser um humanismo. Em segundo lugar, a náusea revela, para mim mesmo, que eu sou consciência – a consciência é o 'núcleo instantâneo' de minha existência. E em terceiro, essa consciência não pode ser sem o outro que não ela mesma; ela só existe por meio daquilo de que tem consciência".

Hoje, vejo que Sartre foi um dos últimos humanistas, preocupado com a dignidade humana, com os valores mais verdadeiros do homem: "Ser homem é ser autêntico", afirmava ele. E ser autêntico é deixarmos de ser "besta humana" (bárbaro) para sermos "seres humanos": "Somos responsáveis através dos nossos atos por toda a humanidade, tudo o que fazemos, de bom ou de ruim, compromete a nossa 'humanidade'; se um homem morre na África, somos também responsáveis por sua morte, 'nada do que é humano nos é alheio'". Os valores iluministas faziam parte do seu pensamento.

Sartre instaurou uma ética da responsabilidade; ser homem é ser responsável pelos seus atos, pelo que fazemos, dizemos e decidimos, responsáveis pelo modo como vivemos, amamos e sofremos. A angústia é algo constitutivo do ser humano (ele não aceitava a psicanálise freudiana); o homem precisa saber enfrentá-la. Ao mesmo tempo que a angústia oprime, ela também dignifica; é pela angústia que o homem toma consciência da sua liberdade. Na medida em que preciso escolher a atitude que vou adotar diante das circunstâncias, eu me angustio, pois não tenho nenhum referencial a não ser meu próprio eu.

Em 2000, houve um curso em Paris, ministrado por Bernard-Henri Lévy, que produziu o livro *O século de Sartre*. Lévy refere-se à vida do homem Sartre, seu pensamento, sua existência, sua liberdade, sua obra. Ser sartreano era poder escolher a própria vida, sem culpas pelo fracasso ou sucesso de seu projeto, mas assumindo a responsabilidade dessa opção.

Na década de 60 não se estudava um filósofo com a frieza de uma análise conceitual, com o distanciamento necessário a uma leitura. Sartre foi um guru no bom sentido. Após duas grandes guerras mundiais, o homem se sentia derrotado, a razão e a moral começavam a ser questionadas (*vide* Adorno in *Minima Moralia*). Sartre busca resgatar o homem do fundo do poço, pois nas entrelinhas de suas mensagens ele diz que é possível ser digno.

A perspectiva humanista se faz presente pela importância do outro, que é indispensável à minha existência. É na relação com o outro (alteridade) que eu me sinto aceito, amado ou odiado. É na relação com o outro que me constituo como ser humano. O outro é, por princípio, aquele que me olha. (*O ser e o nada*, p. 315-6) O olhar é, antes de mais nada, um intermediário. Remete de mim a mim mesmo. Bernard Henri Lévy, em uma matéria para o *Le Monde* (18.3.2000), pede "Justiça para Jean Paul Sartre", justiça por sua vida, por sua obra, contra os "ressentimentos" despertados por esta figura que marcará para sempre o século XX.

Todas as controvérsias envolvendo Sartre são produtos de sua independência intelectual, tanto em relação ao Partido Comunista, como às instituições. Sartre era um intelectual sem vínculos, numa época em que ser intelectual era ser necessariamente engajado em um partido, uma ideologia, uma religião. Sartre era totalmente só, mas às vezes fazia concessões, como lutar pela "causa do povo", ou até mesmo sair às ruas em protesto, como no movimento de 1968. "O homem nasceu condenado a ser livre" e "o inferno são os outros" são duas afirmações marcantes no pensamento sartreano. Se alguém se perguntar o que é mesmo ser livre, basta recorrer à biografia de Sartre. O existencialismo de Jean Paul Sartre volta a ser discutido. São inúmeras as publicações sobre Sartre na França. Não se resgata ou não se revaloriza um filósofo, se este não tem algo de muito importante a dizer. As suas palavras ecoam novamente, diante do capitalismo que se consolida em todo o mundo, rompendo a fronteira entre Oriente e Ocidente: é preciso que o homem lute para conquistar a sua liberdade, liberdade que o constitui como ser humano, como afirmou Sartre ao longo de toda a sua obra.

Para os estudiosos do trabalho de Sartre, sua afirmação "eu morrerei na esperança" pode causar certa estranheza. A mim também causou, quando li a última entrevista que o filósofo[2] concedeu a seu colaborador (durante os anos de cegueira) Benny Lévy, que ele conheceu quando militava na "causa do povo". Como é possível que o autor de *A náusea* (1938), *O muro* (1939), *Huis-Clos* (Entre quatro paredes) (1947) fale que a esperança é decisiva para a transcendência da ação? Diz Laplange: "(...) Se *A náusea* nos rejeitava a uma irremediável solidão, no crepúsculo de sua vida, ao contrário, é unicamente à fraternidade, à generosidade e à partilha que Sartre se refere. Enquanto *A náusea* ridicularizava o conceito de 'huma-

---

[2] Cf. *O testamento de Sartre*. Porto Alegre, L&PM Editores Ltda., 1986.

nismo', culpado, segundo ele, de toda a hipocrisia da burguesia, é ao contrário um formidável canto ao homem – se não ao humanismo – que ele entoa" (p.13).

Sartre viveu um dos períodos mais violentos para o ser humano. Sua obra e seus romances refletem o que o homem francês (a humanidade) sentia diante dos acontecimentos históricos. Foi na França que ocorreu e revolução mais significativa de todos os tempos para a História do Ocidente. As duas grandes guerras e o fascismo, incluindo a ocupação alemã em Paris (até hoje os franceses trazem essa marca na alma) foram vividos por Sartre. O filósofo, espectador dessa barbárie, vinha de um povo que ainda luta pelos valores gerados na Revolução Francesa, "igualdade, liberdade e fraternidade". Logo, não espanta que esses valores tenham sido defendidos por ele, mesmo que em sua obra tenham muitas vezes assumido um sentido paradoxal.

Sartre sofreu influência de Kierkegaard, e sua análise do desespero comprova essa influência, mas ele afirma: "Nunca me senti desesperado, nunca encarei, de perto ou de longe, o desespero como uma qualidade que podia me pertencer (...) Também nunca senti angústia. Essas são noções-chave da Filosofia de 1930 a 1940, isso vinha de Heidegger". É interessante destacar como o pensador se deixa influenciar por essas ideias presentes na "atmosfera histórica", como afirma E. Brehiér, sem ter consciência de que está "internalizando a exterioridade", como diz o próprio Sartre em *Crítica da razão dialética*.

Até a sua morte, ele não abandona a ideia de "projeto"; esta é a base de sua afirmação de que "a esperança faz parte do homem". Ele diz: "A ação humana é transcendente, visa sempre um objeto futuro a partir do presente onde a concebemos e onde tentamos realizá-la. (...) A esperança significa que não posso empreender uma ação sem a certeza de que vou realizá-la".

Para Sartre o homem está sempre em vias de realização, está sempre formando a sua essência, que nunca estará pronta e acabada. Na medida em que somos seres em constituição, temos necessariamente de nos preocupar com o problema moral. Sartre passa então da "ética da responsabilidade", defendida em sua obra, para a moral que tem a "dimensão da obrigação". Ele afirma que "em cada momento em que tenho consciência do que quer que seja, e em que faço o que quer que seja, há uma espécie de exigência que vai além do real e devido à qual a ação que quero fazer comporta uma espécie de violência interior que é uma dimensão de minha consciência". Mas esta questão só pode ser compreendida em relação ao outro, como na questão da liberdade: o limite da minha liberdade é o outro, da mesma forma que não é possível estabelecer a questão da moral sem a presença do outro. "A ideia que eu jamais deixei de desenvolver é que, ao fim das contas, cada um é sempre responsável por aquilo que foi feito dele – mesmo se não puder fazer mais do que assumir essa responsabilidade. Eu acho que um homem pode sempre fazer alguma coisa daquilo que fizeram dele. É a definição que eu dou para liberdade: este pequeno movimento que faz de um ser social totalmente condicionado, uma pessoa que não restitui mais a totalidade daquilo que recebeu em seus condicionamentos".

Régis Debray, em *Um intelectual da verdade*, afirma ter sido J. P. Sartre um filósofo que tentou compreender os fracassos, as gafes históricas e todas essas confusões que fazem o cotidiano de uma época. "Somos dezenas de milhares a quem Sartre, um dia ou outro, e sem tê-lo desejado, obrigou a fazer o que eu chamaria apressadamente de um exame de consciência. Se ele não tivesse sido a 'grande consciência' da nossa época, não teria nos perturbado tanto."

Em 24 de março de 1980, Sartre declara: "É preciso tentar explicar por que o mundo de hoje, que é horrível, não é mais do que um momento no longo desenvolvimento histórico, e que a esperança sempre foi uma das forças dominantes das revoluções e das insurreições. E como sinto profundamente ainda a esperança como a minha concepção do futuro, *eu morrerei na esperança*".

REFERÊNCIAS

BENNY, Lévy. *O testamento de Sartre*. Porto Alegre, L&PM, 1986.

LÉVY, Bernard-Henri. *Le Siècle de Sartre*. Paris, Bernard Grasset, 2000.

BORNIIEIM, Gerd. *Sartre – metafísica e existencialismo*. São Paulo, Perspectiva, s/d.

SARTRE, J. P. *L'Être et le Néant* – Paris, Gallimard, 1943.

_____. *La Nausée*. Paris, Gallimard, 1938.

A Noção de Imaginação: Bachelard Crítico de Sartre

*Marly Bulcão**

Em *L'imagination*, Sartre afirma que toda imagem deveria ser "considerada uma síntese ativa, um produto de nossa livre 'espontaneidade'" (1900, p. 22). Na obra *L'air et les songes*, por meio de uma referência a Shelley, Bachelard defende ideia semelhante, quando diz que "toda imagem é uma operação do espírito humano; ela tem um princípio espiritual interno, mesmo que se creia que é um simples reflexo do mundo exterior" (1948, p. 52). A mesma tese bachelardiana aparece no início da obra quando diz: "Graças ao imaginário, a imaginação é essencialmente aberta, evasiva. Ela é, no psiquismo humano, a experiência mesma da novidade" (1948, p. 7).

Com base nessas afirmações parece possível aproximar os dois pensadores franceses no que se refere a suas noções de imagem e de imaginação. Há, entretanto, profundas diferenças entre Sartre e Bachelard, o que nos leva a defender a tese de que na vertente poética bachelardiana há uma concepção original da imaginação criadora.

* Doutora em Filosofia, Universidade do Estado do Rio de Janeiro.

Não se pode negar que esses pensadores têm em comum o fato de atribuírem grande importância ao imaginário. Além disso, Sartre e Bachelard se identificam quanto ao ponto de partida para a análise da imaginação. Ambos começam por uma crítica à tradição filosófica, mantida pelos psicólogos contemporâneos. Insurgindo-se contra a atitude filosófica que permeava a moderna teoria do conhecimento e a psicologia contemporânea, esses filósofos mostram que, na perspectiva da tradição, a imaginação era considerada uma atividade psíquica subalterna, uma atividade que derivava da percepção sensível e era depreciada em relação à razão. Mas divergências maiores vão se impor ao longo da trajetória de reflexões desses dois filósofos, apartando-os, tornando-os fortes adversários que vão defender posições contrárias sobre o imaginário.

Sartre e Bachelard, filósofos distantes, apesar de contemporâneos, impõem-se como pensadores que contestam a concepção de imaginação da tradição filosófica. Distantes, pela cultura, por suas raízes, por seus interesses que certamente eram muito diferentes. Tendo vivido numa Paris cosmopolita, tumultuada por movimentos em prol de uma sociedade melhor, Sartre não podia deixar de se interessar por temas políticos, enquanto Bachelard, filósofo de origem campesina que passou a infância em Bar-sur-Aube, uma pequena cidade da França onde viveu em contato íntimo com os elementos da natureza, faz de seu filosofar a expressão da simbiose entre o homem e o mundo natural, uma simbiose que, segundo ele, só pode ser alcançada pelo trabalho.

Quanto a suas concepções de imaginação, a distância também se impõe logo de início em termos da escolha da forma de abordar a questão. Sartre opta por uma abordagem regressiva, indo da aparição da imagem à natureza da possibilidade que a funda, pretendendo designar a ligação da consciência com o objeto. Bachelard escolhe outro caminho, detendo-se no estudo da imaginação em ato, no momento em que esta emerge na consciência e determina uma transmutação de valores; sua preocupação primordial é mostrar que a imaginação cria seu objeto, instaurando uma surrealidade.

O objetivo primordial de nosso trabalho é mostrar que há, na perspectiva bachelardiana da imaginação, uma originalidade em relação à concepção desenvolvida por Sartre nas obras *L'imagination* e *L'imaginaire*. É, pois, com o intuito de mostrar em que consiste a originalidade bachelardiana que vamos analisar a crítica de Bachelard a Sartre, crítica esta que aparece dispersa ao longo das obras da vertente poética do autor. Para isso, vamos nos deter no confronto de ideias que marcou um debate importante, no qual esses dois grandes pensadores do século XX vão apresentar perspectivas diferentes, marcadas por uma profunda ruptura que estabelece, entre os dois, um distanciamento irrevogável em relação às questões do imaginário.

A concepção bachelardiana de imaginação é inovadora em relação às teses da filosofia anterior. Bachelard substitui o enfoque psicológico-gnosiológico, próprio da tradição que sempre considerou a imagem em sua relação com a ideia e com a percepção. A abordagem bachelardiana da imaginação se faz por meio de um enfoque estético, segundo o qual a imagem passa a ser um acontecimento objetivo que leva à instauração do surreal. Com esse intuito, a vertente poética bachelardiana se volta para as imagens presentes nos discursos artísticos, sejam eles literários ou pictóricos.

Pode-se dividir o estudo bachelardiano da imaginação em dois momentos. No primeiro, caminhando pelos meandros da construção científica e da racionalidade, Bachelard mostra que a imagem faz parte de uma teia de obstáculos que atuam na intimidade mesma do pensamento e precisam ser superados para que o cientista, como homem de razão, possa chegar à construção de um saber objetivo e racional. Em *La formation de l'esprit scientifique*, desenvolve a ideia de que "o espírito científico deve lutar incessantemente contra as imagens, contra as analogias, contra as metáforas" (1938, p.38), pois só assim será capaz de alcançar a limpidez e a clareza, exigências prioritárias da racionalidade científica.

Apesar de mergulhado em reflexões epistemológicas, Bachelard começa em 1938 a nutrir um interesse diferente pelas questões da imaginação e do imaginário. Escreve, então, sua primeira obra sobre a imaginação dos elementos, *La psychanalyse du feu*, na qual se percebe claramente o momento em que o autor vai se deixando seduzir pelas imagens, dirigindo-se para um continente desprezado pelos racionalistas, o mundo das imagens, do sonho e do devaneio. Dois fatos parecem ter sido decisivos para essa escolha. O primeiro foi seu encontro com Roger Caillois, quando recebe das mãos deste a obra de Lautréamont *Les chants de Maldoror*[1], poema forte e vigoroso que nos arrebata com imagens primitivas, provenientes do âmago do ser humano. Acreditamos que um outro fato também contribuiu para que o filósofo empreendesse esse novo caminho. Trata-se do convite feito pelo jovem poeta Jean Lescure para que Bachelard escrevesse um artigo sobre poesia. Nesse artigo, intitulado *Instant poétique et instant metaphysique*, publicado em 1939 pela revista *Messages* e inserido na coletânea póstuma *Le droit de rêver*, o filósofo mostra que a poesia deve ser compreendida como verdadeira metafísica instantânea, que nos eleva num voo ascendente e verticalizante.

---

[1] Essa referência aparece num artigo de Jean-Luc Pouliquen, intitulado *Racines poétiques et politiques du surrationalism*, in Revista Ideação, Feira de Santana, no prelo.

A viagem que Bachelard empreende pelos meandros do imaginário e suas conclusões sobre a verdadeira noção de imagem é que vão afastá-lo da perspectiva de Sartre. Vamos, pois, abandonar o campo das reflexões epistemológicas bachelardianas para nos deter na vertente poética do autor, a fim de captar, no Bachelard crítico de Sartre, em que consiste a verdadeira imaginação para esse filósofo campesino.

Como já dissemos, no que tange ao estudo da imaginação, Sartre e Bachelard têm o mesmo ponto de partida: a crítica à concepção de imagem predominante em sua época, cuja origem remonta à tradição filosófica e psicológica. Segundo essa tradição, representada pela moderna teoria do conhecimento (Descartes, Espinosa e Leibniz), a imaginação é apontada como uma atividade auxiliar e subalterna, uma atividade que depende da percepção e que é sempre depreciada em relação à razão. Sartre e Bachelard, unidos na exaltação do imaginário, insurgem-se contra a perspectiva filosófica tradicional que depreciava a atividade imaginativa, ao considerar a imagem uma simples cópia da realidade sensível ou uma categoria inferior à do conceito.

Sartre dá início aos seus estudos sobre a imaginação com os ensaios de psicologia fenomenológica *L'imagination*, publicado em 1936, e *L'imaginaire*, que se seguiu a este (1940). O objetivo desses ensaios era, em primeira instância, resolver o problema da estrutura da imagem, pois, segundo o autor, esse problema tinha sido mal colocado pela tradição filosófica por três motivos principais. O primeiro consistia na forma como a imagem havia sido concebida, ou seja, a imagem era apenas um resíduo da percepção. O segundo era a imagem ser considerada um conteúdo inerte da consciência, o que para Sartre era um erro. E o último, porque não tinha sentido admitir, como fazia a tradição filosófica, que a imagem podia ser subdividida em elementos da percepção. Opondo-se à tradição, Sartre retoma o exemplo do centauro, afirmando ser um erro acreditar que tal imagem poderia ser subdividida em duas outras, a do cavalo e a do homem.

Para que se possa compreender o que levou pensadores como Sartre e Bachelard a seguir caminhos opostos e divergentes, torna-se necessário retomar os aspectos mais fundamentais da crítica bachelardiana, pois, só assim, podem-se esclarecer as diferentes nuances que afastam esses dois pensadores no campo do imaginário.

Em *L'imagination,* Sartre mostra que a perspectiva de imaginação da tradição traz no seu bojo o que denomina de *metafísica ingênua da imagem.* Esse postulado, que serviu de base para teóricos do conhecimento dos séculos XVII e XVIII tais como Descartes, Espinosa, Leibniz e Hume, posteriormente retomado pelos psicólogos contemporâneos, impediu, segundo o filósofo, que estes chegassem a compreender o verdadeiro significado de imagem.

A contraposição entre "mundo das coisas" e "consciência" desenvolvida por Sartre na introdução dessa obra esclarece em que consiste o postulado da *metafísica ingênua da imagem.* Fazendo uso de uma argumentação convincente que se desenvolve a partir da primeira pessoa, Sartre recorre ao exemplo de uma folha branca de papel com o intuito de tornar clara a diferença existente entre o mundo das coisas e a consciência mesma. Logo na primeira linha afirma:

> Olho esta folha branca posta sobre minha mesa, percebo sua forma, sua cor, sua posição. Estas diferentes qualidades têm características comuns: em primeiro lugar, elas se dão a meu olhar como existências que apenas posso constatar e cujo ser não depende de forma alguma do meu capricho. Elas são para mim, não são eu (1936, p. 1).

Mais adiante acrescenta:

> São, ao mesmo tempo, presentes e inertes (...) O certo é que o branco que constato não pode ser produzido por minha espontaneidade. Esta forma inerte que está aquém de todas as espontaneidades conscientes (...) é o que chamamos de uma coisa (1936, p. 1).

A partir do exemplo da folha branca de papel, Sartre pretende contrapor a coisa mesma à imagem da coisa para chegar, então, à distinção entre o mundo das coisas e a consciência. Mostra que as qualidades que percebe na folha, tais como sua forma, cor e posição, aparecem como existentes, o que significa que o ser delas não depende do seu capricho. Prosseguindo o raciocínio, deixa claro que, quando fecha os olhos, a folha branca de papel deixa de ser, para ele, algo existente, mas sua imagem permanece, conservando as mesmas qualidades da folha que acabou de observar. A conclusão proposta pelo filósofo é que a folha branca de papel, que agora aparece sob a forma de imagem, tem apenas a identidade de essência da folha contemplada; não tem, entretanto, a identidade de algo existente.

A atitude inerente à *metafísica ingênua da imagem*, defendida pela tradição filosófica e pela psicologia e que para Sartre constitui um erro, é admitir que a imagem é uma coisa, é acreditar que a imagem existe como objeto em si, independente da consciência. A ontologia sartreana tem, pois, como fundamento essa distinção entre mundo das coisas e consciência. Pode-se, então, concluir a partir do exemplo dado que, segundo Sartre, são duas as formas de existir: a existência como coisa, na qual a folha aparece como algo presente em si e independente da consciência, e a existência como imagem, na qual a folha deixa de ser um objeto de percepção presente e inerte, e passa a ser um ser para a consciência, ou seja, sua existência depende da consciência mesma que a constitui como imagem. Reforçando o que já dissemos, podemos acrescentar que, para a fenomenologia sartreana, o mundo das coisas se impõe como fenômeno, no sentido de que se mostra à consciência tal como é em si mesmo, revelando-se à consciência em seu se fazer presente a ela. Por outro lado, a consciência é sempre consciência de algo que a transcende, a consciência é *intencionalidade*, é tensão para o que está além dela. E é no ato de se pôr em relação com o ser existente em si que a consciência se põe em relação consigo mesma.

Vamos nos deter agora no Bachelard crítico de Sartre, procurando pinçar ao longo da vertente poética os diversos momentos em que o filósofo campesino se insurge contra a perspectiva sartreana da imaginação, acusando-a de ainda conter ranços sorbonianos de uma filosofia da ocularidade que enfatiza o olhar, provocando assim um distanciamento irremovível entre homem e mundo.

A crítica bachelardiana a Sartre está dispersa em diversas obras poéticas. Pode-se dizer, porém, que em última instância essa crítica se resume à constatação de que há na fenomenologia de Sartre a filiação a uma filosofia de cunho ocularista originada em Husserl. A proposta de Bachelard é mostrar que a perspectiva ocularista e contemplativa da imaginação, presente no Sartre de *L'imagination*, *L'imaginaire*, *La nausée* e *L'être et le néant*, deve ser substituída por uma atitude de confronto e de trabalho, na qual a imaginação passa a ser uma forma de apreensão do mundo como resistência.

Com o intuito de tornar nossa exposição mais didática, vamos dividir os argumentos bachelardianos da crítica a Sartre em alguns aspectos principais, embora estes apareçam dispersos ao longo de sua produção poética. É nossa intenção nos deter em cada um deles, procurando ressaltar em que consiste a atitude ocularista de

Sartre que, segundo Bachelard, é o que compromete a perspectiva sartreana da imaginação.

O primeiro desses aspectos está relacionado à crítica à fenomenologia de Sartre, que serve de base a este último quando combate a atitude que denomina de *metafísica ingênua da imagem*. Como a fenomenologia sartreana foi retomada de Husserl, torna-se necessário relembrar alguns pontos da perspectiva husserliana.

Em sua obra, Husserl distingue dois tipos de atitude: a fenomenológica e a naturalista. Nesta, dirigimos nosso olhar para o mundo natural, sem levar em consideração a consciência; admitimos a existência de um mundo de coisas que nos circundam, de objetos dotados de um ser inerte e cristalizado. Segundo o filósofo, uma outra atitude pode ser contraposta à primeira. Trata-se da atitude fenomenológica, por meio da qual dirigimos nosso olhar para a consciência, ignorando o mundo como se este não existisse e a verdadeira realidade pudesse ser descoberta no ser da consciência. O subtítulo *Ensaio de uma ontologia fenomenológica* de *O ser e o nada* de Sartre permite-nos afirmar que o problema fundamental de Sartre consiste na busca do ser a partir do método fenomenológico, tomado no sentido husserliano.

A ontologia fenomenológica de Sartre tem, pois, como ponto central a relação fundamental entre *consciência* e *coisas* ou entre *homem* e *mundo*. Para Sartre, seguidor de Husserl, a consciência é primeiramente consciência de um ser que a transcende, é *intencionalidade*, ou seja, tensão para o ser que está além dela. Nesse sentido, é no ato de se pôr em relação com o ser que a consciência percebe a si mesma. Por outro lado, é no encontro com a consciência que o ser das coisas se torna fenômeno, no sentido em que se revela à consciência em seu presentificar-se a ela.

Bachelard contesta a perspectiva fenomenológica de Sartre afirmando que este último, preocupado em buscar as condições de possibilidade da imagem, vai mais além da própria existência desta, vai além da aparição da imagem, mostrando que a forma de existir da imagem depende da visada da consciência. O propósito de Bachelard é captar a imagem nela mesma, como realidade objetiva, resultante de uma imagética. Nesse sentido, acusa Sartre de estar preocupado com o valor de inteligibilidade da imagem, o que o leva a desenvolver uma perspectiva que é, em última instância, transcendental.

Mas não se pode deixar de considerar que, apesar de sua crítica contundente à postura fenomenológica de Sartre, Bachelard emprega em sua obra *La poétique de l'espace* a expressão *fenomenologia da imaginação*, afirmando, contra o método interpretativo e racional da psicanálise, que a *fenomenologia* seria a verdadeira forma de se apreender a imagem. Considerando que Bachelard vai buscar em Husserl o termo *fenomenologia*, torna-se necessário fazer aqui um parêntese com o intuito de dar alguns esclarecimentos sobre o método bachelardiano, procurando mostrar, em seguida, qual o sentido que o termo *fenomenologia* passa a ter na poética desse autor.

Em alguns momentos de sua argumentação, Bachelard adota um método bastante peculiar que, sendo pouco ortodoxo, tem sido muitas vezes motivo de críticas por parte de leitores menos avisados, que não conhecem em profundidade o pensamento do filósofo. Bachelard opta por uma *filosofia do não*, cujo propósito é recusar certas posturas arraigadas na tradição filosófica. Nesse sentido, o método por ele empregado consiste no seguinte: após retomar propositalmente certos termos usados em seus sistemas por outros pensadores, retirando-os do contexto filosófico no qual estavam inseridos, passa a empregá-los com conotações completamente diferentes das anteriores. Esse procedimento lógico tem causado perplexidade e celeuma entre alguns leitores de Bachelard, que acabam por ver nesse comportamento analítico uma falta de rigor. Gostaríamos de deixar claro que, embora tenha combatido o racionalismo clássico e renegado a regra cartesiana de que a racionalidade deve estar sempre aliada à clareza e à distinção, Bachelard é um racionalista assumido e seu pensamento se desenvolve por meio de argumentações rigorosas, cuja coerência é inatacável. Para ele, o advento da mecânica quântica veio mostrar que o racionalismo sofreu transformações e que a concepção de racionalidade passou a ser outra, tornando possível que certos conceitos, embora ambíguos, continuem racionais. Assim, a preocupação de Bachelard é primordialmente com a abertura metodológica e com a liberdade de linguagem, sempre que estas estejam a serviço da criação e da renovação de ideias, pois, segundo ele, só assim é possível fazer avançar o saber.

Fechando este parêntese, gostaríamos apenas de acrescentar que, fazendo uso da liberdade metodológica por ele preconizada, Bachelard retoma de Husserl o termo *fenomenologia*, dando-lhe novo sentido. O significado do termo *fenomenologia* na obra bachelardiana exigiria um estudo amplo e aprofundado, pois, além de receber do autor um sentido novo, este termo vai, ao longo da vertente poética, sofrendo mudanças, o que faz com que apresente nuances diversas. Não é nossa intenção aqui, entretanto, fazer tal estudo detalhado. Queremos apenas deixar claro que o termo *fenomenologia* não tem em Bachelard nenhuma ligação com o instrumental conceitual criado por Husserl ao longo do desenvolvimento de sua obra, nem com o sentido sartreano, herdado do mestre. Enquanto para Sartre e Husserl a consciência é a doadora de sentido, na poética bachelardiana é o mundo material que, apreendido como resistência, torna-se portador de imagens, pois constitui uma provocação ao imaginário. Nesse sentido, pode-se dizer que as filosofias de Husserl e de Sartre se tornam filosofias do olhar, pois adotam instrumentais teóricos e conceituais como a *redução fenomenológica* ou o *sujeito transcendental*. Bachelard retira do termo husserliano conotações como *redução fenomenológica* e *intencionalidade*, mostrando que a imaginação deve captar o objeto na sua força, na sua materialidade, no seu dinamismo. São estas conotações, herdadas de Husserl que, segundo Bachelard, denotam a preocupação sartreana de se voltar para o valor de inteligibilidade da imagem e fazem desta uma simples *visada* da consciência, reduzindo-a, portanto, a um verdadeiro *nada*. Como vamos ver adiante de forma mais detalhada é a atração pela materialidade e a concretude do mundo que afasta Bachelard de Husserl e, portanto, de Sartre. As próprias palavras de Bachelard denotam isso:

> Os exemplos dados pelos fenomenólogos não põem totalmente em evidência os níveis de tensão da intencionalidade; eles permanecem por demais formais, por demais intelectuais (...) É necessário, por sua vez, uma intenção formal, uma intenção dinâmica e uma intenção material para compreender o objeto na sua força, na sua resistência, na sua matéria, ou seja, na sua totalidade (1976, p. 213-4).

A definição de Bachelard que aparece em *La poétique de l'espace*, quando o autor emprega pela primeira vez o termo *fenomenologia*, pode esclarecer melhor o significado desse termo na obra bachelardiana. Para ele, "fenomenologia é o estudo da imagem poética quando esta emerge na consciência como produto direto do coração, da alma, do ser do homem surpreendido na sua atualidade" (1998, p.2). Mais adiante, na mesma obra, Bachelard faz referência ao psiquiatra e fenomenólogo E. Minkowski, com o intuito de explicitar o sentido que o termo *fenomenologia* adquire em sua obra. Afirma então que esse termo deve ser compreendido no estilo minkowskiano, ou seja, como *repercussão*, mas não como *repercussão* que é memória do passado. Para se apreender fenomenologicamente uma imagem, é necessário, pois, vivenciar a *repercussão*, ou seja, sentir-se diante da imagem como se fosse seu próprio autor. Por meio da fenomenologia dá-se uma verdadeira reviravolta do ser, pois não há mais diferença, por exemplo, entre o leitor da poesia e o poeta que a criou.

Em sua obra bastante esclarecedora dos termos bachelardianos, Jean-Claude Pariente, depois de tecer outras considerações sobre o sentido do termo *fenomenologia* na vertente poética, afirma: "A fenomenologia do imaginário é, talvez, primordialmente, para Bachelard, a liberdade de imaginar" (2001, p.34).

Voltando à fenomenologia de Sartre, retomamos as palavras do próprio autor para quem "a imagem é um certo tipo de consciência. A imagem é um ato e não uma coisa. A imagem é consciência de alguma coisa" (1956, p.162). Nesse sentido, a imagem é compreendida pelo filósofo como uma estrutura intencional, como um ato da consciência, cuja intencionalidade pode visar tanto um objeto imaginário como um objeto real. Para ele, a imaginação, a reflexão, a memória são consciências. Cada uma delas é uma forma diferente de a consciência visar algo como imaginado, como pensado ou como percebido. A partir da concepção sartreana, chega-se à conclusão de que a imagem é duplamente o *nada*. Não é um *nada* no sentido absoluto, mas é um *nada* porque a imagem se refere a um objeto ausente, e é um *nada* pelo fato de a imagem ser produzida pela intencionalidade imaginante.

Concluindo este primeiro aspecto da oposição entre os dois pensadores franceses, podemos dizer então que, enquanto a fenomenologia sartreana se volta para a consciência, mostrando que a imagem é sempre um ato, é sempre consciência de alguma coisa, Bachelard procura focalizar a imagem mesma, afirmando ser esta uma realidade objetiva que resulta de uma imagética. Criticando Sartre, mostra que, pelo fato de este abordar a imagem por meio de uma perspectiva transcendental, negligencia a realidade da imagem. A fenomenologia bachelardiana das imagens, diferentemente da de Sartre, atém-se à imagem como realidade objetiva e tem como intuito primordial responder à seguinte questão: como é possível que uma imagem seja ao mesmo tempo singular e transubjetiva? Para se chegar à resposta dessa questão, temos de passar à discussão dos outros aspectos da crítica bachelardiana.

O segundo aspecto de oposição entre os dois filósofos constitui uma crítica mais forte e vigorosa de Bachelard à concepção sartreana de imagem e de imaginação, tomando por base a distinção estabelecida pela poética bachelardiana entre *imaginação formal* e *imaginação material* em sua obra *L'eau et les rêves*.

A imaginação formal, fundamentada no olhar, é a imaginação ociosa que resulta da contemplação passiva do mundo, é a imaginação que tende para a abstração e para o formalismo, pois escamoteia a materialidade das coisas, fazendo que o homem seja apenas um mero espectador do mundo que lhe é imposto como simples espetáculo a ser contemplado. A imaginação material, ao contrário, recupera o mundo como concretude e materialidade, e resulta do enfrentamento do homem com a resistência material das coisas; assim, é um convite à penetração, à ação transformadora e feliz do mundo, que deixa de ser puro espetáculo, solicitando a intervenção do homem demiurgo. O homem artesão consegue, no exercício da imaginação eminentemente material, tornar-se criador, uma vez que, deixando de ser um simples *voyeur*, passa a agir contra as forças materiais e a resistência das coisas, estimulando a função criadora na ciência e na arte.

Essa distinção leva a posição bachelardiana em relação à imaginação a se tornar mais afastada dos parâmetros da tradição filosófica. Conforme mostra Bachelard, a tradição filosófico-científica do Ocidente se fundamenta numa visão ocularista do universo, o que torna o pensar uma simples extensão da óptica, no sentido de que a visão é sempre privilegiada em relação aos demais sentidos. O próprio vocabulário utilizado no Ocidente revela a hegemonia da perspectiva ocularista, já que emprega termos como *evidência*, *ponto de vista*, *visão de mundo*, *teoria* e *ideia*, que identificam conhecimento e visão. Para Bachelard, o vício da ocularidade impõe que no estudo da imaginação se esqueça seu aspecto eminentemente material, o que a reduz ao seu aspecto puramente formal. Mostra que a imaginação formal tem lugar no pensamento matemático de índole formalista, mas não se pode desprezar o caráter material da atividade imaginativa, sem o qual o mundo perde seu aspecto concreto e a imagem perde sua vida, transformando-se num simples simulacro do objeto percebido, desprestigiada em relação à ideia. Apesar de se voltar contra a perspectiva da imagem e da imaginação na tradição filosófica, segundo Bachelard as teses sartreanas sobre o imaginário ainda refletem uma atitude ocularista.

Voltando-se para a filosofia sartreana, inerente às imagens literárias contidas nas obras *A náusea* e *O ser e o nada*, Bachelard aponta onde reside a filiação de Sartre a esta filosofia do olhar. Conforme afirma Bachelard, nessas duas obras Sartre privilegia a *imaginação formal* em detrimento da *imaginação material*, considerada pelo filósofo campesino a verdadeira imaginação. Na poética bachelardiana, o sujeito não é apenas consciência intencional, mas sim mão trabalhadora que apreende o mundo pela resistência que este impõe, fazendo que mão e matéria constituam o verdadeiro dualismo energético e criador. Constata-se aí uma mudança fundamental no conceito de imaginação, com recusa à atitude contemplativa em prol de uma postura de confronto e de trabalho. Passemos agora para *La terre et les rêveries de la volonté*, obra na qual as noções de materialismo, materialidade e *imaginação material* aparecem de forma mais evidente, procurando, então, contrapor a atitude de Bachelard à perspectiva de Sartre.

Nessa obra, Bachelard dedica todo um capítulo à crítica da filosofia das imagens de Sartre. Mostra que, em *A náusea*, o personagem Roquentin aparece como um tipo psicológico que vai da ambivalência às contradições. O personagem atribui qualidades contraditórias às coisas porque ele mesmo está dividido por uma ambivalência que faz que o nojo e a atração por certos objetos apareçam materialmente invertidos. Ao mesmo tempo em que o personagem é descrito apanhando castanhas, papéis e trapos cheios de imundície, este demonstra repugnância ao tocar o cascalho que está sendo levado pelo mar na praia. Um pequeno trecho de *A náusea* serve para mostrar o sentimento de ambivalência que domina Roquentin, para o qual a atração e o nojo atuam no mesmo nível da tentação suja. Na descrição de Sartre, esses sentimentos são revelados pelo pensamento do personagem quando este afirma para si mesmo: "... abaixei-me, já me alegrava de tocar aquela massa macia e fresca que se enrolaria sob meus dedos em bolinhas cinza. Não consegui" (1942, p. 25). Conforme mostra a crítica bachelardiana, o romance expressa, nas vivências de Roquentin, o distanciamento existente entre homem e mundo. A náusea na mão espelha uma psicologia da massa infeliz. Posicionar-se diante do mundo com asco, como se este fosse uma cola, um grude, algo repugnante do qual devemos nos afastar é, para Bachelard, o ato do filósofo demiurgo, que vê no mundo uma provocação, um verdadeiro absurdo no plano da imaginação. Num outro momento de *La terre et les rêveries de la volonté*, a oposição bachelardiana a Sartre emerge com maior clareza quando nos detemos numa outra fala do personagem, na qual a atitude ocularista sartreana se revela de forma bem nítida.. Diz Roquentin:

> Os objetos, a gente não deveria tocá-los, já que não vivem. A gente se serve deles: eles são úteis, nada mais. E a mim eles tocam, é insuportável. Tenho medo de entrar em contato com eles como se fossem animais vivos. Agora estou vendo; lembro-me do que senti, outro dia, na praia, quando segurava aquele cascalho. Era uma espécie de enjoo adocicado. Como era desagradável! E aquilo vinha do cascalho, tenho certeza, passava do cascalho para minhas mãos. É, é isso, é isso mesmo: uma espécie de náusea nas mãos (1942, p. 25).

Voltando-se para *O ser e o nada*, Bachelard retoma o estudo de Sartre sobre o viscoso. Mostra que há uma grande diferença entre o existencialismo da matéria real e a doutrina da matéria imaginada. Mais uma vez Sartre descreve a sensação ambígua e desconfortável que domina o homem diante do viscoso, dizendo:

> É uma atividade mole, babosa e feminina de aspiração, vive obscuramente sob meus dedos e sinto como que uma vertigem, ele me atrai como o fundo de um precipício poderia atrair-me. Há como que uma fascinação tátil do viscoso. Não tenho mais o poder de deter o processo de apropriação. Ele continua (1943, p. 700).

A crítica bachelardiana aponta a atitude ocularista inerente ao texto sartreano. Essa atitude leva o homem a ver o mundo como simples espetáculo, impondo um distanciamento irrevogável entre sujeito e objeto, entre o eu e o mundo material. Para Bachelard, o confronto com a resistência material do mundo constitui para o ser humano uma verdadeira psicanálise, pois transforma-o num ser dinâmico e atuante, ao mesmo tempo em que promove a proliferação de imagens materiais que elevam o homem espiritualmente. Vejamos:

> No fundo, nossa luta contra o viscoso só pode ser descrita por colocações em parênteses. Apenas a visão pode "colocar entre parênteses", fechar as pálpebras, adiar para amanhã o exame interior, ocupando-se primeiro em inspecionar as cercanias. A mão trabalhadora, animada pelos devaneios do trabalho, envolve-se. Vai impor à matéria pegajosa um devir de firmeza, segue o esquema temporal das ações que impõem um progresso (1948, p. 115-6).

Para Bachelard, a obra de Sartre descreve uma experiência existencialista, cujo fundamento é uma filosofia de cunho ocularista. Mostra que se deve ter diante do mundo outra atitude, que a mão animada pelos devaneios do trabalho impõe à matéria pegajosa um devir de firmeza e, ao se transformar num centro de hostilidade, o homem faz emergir do seu interior uma proliferação infinita de imagens materiais e dinâmicas. Conforme afirma Bachelard, o ser humano, revelando-se como o *contra-ser* das coisas, exercita sua função imaginante, enquanto, ao mesmo tempo, recupera o mundo como provocação e resistência.

Refletindo sobre os diversos aspectos da crítica de Bachelard a Sartre, chega-se a conclusões que poderão tornar mais clara a perspectiva bachelardiana sobre a noção de imaginação, revelando a originalidade que a permeia. Para Bachelard, a função positiva da imaginação é a de dissipar hábitos de inércia adquiridos pelo homem, que, dominado pelo vício da ocularidade, tem diante do mundo uma atitude passiva e ociosa. As imagens materiais, resultantes da sensação tátil que esquadrinha uma nova substância, abrem os porões da substância, revelando riquezas desconhecidas, e assim funciona como acelerador da imaginação que é, ao mesmo tempo, dinâmica e criativa.

Para que se possam compreender não só as críticas de Bachelard a Sartre, mas principalmente para que se possa admitir a originalidade da perspectiva bachelardiana, torna-se premente reconhecer a importância que a tese da autonomia da imaginação assume nos textos bachelardianos. Para o filósofo campesino, a imagem é sempre novidade, pois tem a vida do instante, inscrevendo-se em um complexo que ela mesma suscita. Há, nesse sentido, uma autonomia do simbolismo imaginativo, não só em relação à esfera psicológica, mas também em relação à própria percepção. Mesmo quando o passado psicológico ressoa em uma imagem poética, isso não significa que este a determine. Mesmo se a matéria trabalhada funciona, às vezes, como acelerador de imagens, como "indutor"[2] de imagens novas, não se pode dizer que estas tenham sido causadas pelo objeto material. Para Bachelard, a imagem vai ao real apenas para se nutrir dele, sem jamais ser determinada pela percepção, pela reflexão, ou pela memória.

Deve-se concluir, então, que não tem sentido atribuir uma causa à imaginação, pois esta não tem origem. As neuroses do poeta não poderiam jamais explicar as imagens por ele criadas. Nesse sentido, Bachelard acusa a psicanálise freudiana de reducionismo, mostrando que esta reduz a imagem a um resíduo de percepções antigas, armazenadas

---

[2] O termo *indução* tem um sentido bem específico em Bachelard: significa invenção.

na memória. Criticando o determinismo imagético da psicanálise, Bachelard afirma: "O psicanalista deixa o estudo ontológico da imagem; ele aprofunda a história de um homem; vê, mostra os sentimentos secretos do poeta. Explica a flor pelo estrume (1998, p.12).

Da mesma forma, não teria sentido afirmar que para Bachelard a matéria, o elemento ou mesmo os arquétipos inconscientes são causas da imagem. Na verdade, a imagem tem, para ele, uma relação não causal com as substâncias materiais e com os elementos arquetípicos do inconsciente. Trata-se, como diz muito bem Vera Felício em seu livro sobre Bachelard, de "um determinismo às avessas" (1994, p.2). As palavras do próprio Bachelard podem esclarecer em que consiste esse *determinismo às avessas*: "Ao nível da imagem poética, a dualidade do sujeito e do objeto é irrigada, matizada, e sem cessar ativada nas suas invenções" (1998, p. 4).

Assim, para Bachelard, a imaginação é autônoma e livre, pois o dinamismo da imaginação é um dado primeiro que transcende o dado objetivo e a própria consciência. A originalidade de sua poética está em compreender que a imaginação é uma função irredutível e primordial. Considerando-se que a tese da autonomia da imaginação é, na poética bachelardiana, essencial, pois "o ser imaginante é a primeira forma do psiquismo" (1948, p.113), devemos aceitar o convite que nos é feito para vivermos as imagens nelas mesmas, em sua realidade imaginária. Somente assim conseguimos nos libertar da opressão dos objetos do mundo, do determinismo psicanalítico da memória, da imposição de uma consciência intencional, sem a qual, para a tradição filosófica, para a psicanálise e para Sartre, a imagem não poderia existir.

Dessa forma, por meio da imaginação bachelardiana, eminentemente material e ativa, podemos então nos lançar no jogo dinâmico e inovador do imaginário, sentindo o gozo inebriante de dar vida e realidade ao irreal.

Referências

BACHELARD, G. *L'air et les songes*, Paris, José Corti, 15ª edition, 1985.

_____. *L'eau et les rêves*, Paris, José Corti, 25ª edição, 1997.

_____. *La formation de l'esprit scientifique*, Paris, J. Vrin, 16ª edição, Paris, 1996.

_____. *La terre et la rêveries de la volonté*, Librairie José Corti, 13ª édição, 1986.

_____. *La poétique de l'espace*, Paris, PUF, 7ª édição, 1998.

_____. *La terre et la rêveries du repos*, Librairie José Corti, 17ª édição, 1997.

BARBOSA, Elyana e Bulcão, Marly. *Bachelard, pedagogia da razão, pedagogia da imaginação*. Petrópolis, Vozes, 2005.

PARIENTE, J. C. *Le vocabulaire de Bachelard*, Paris, Ellipses, 2001.

SARTRE, J. P. *L'imagination*, Paris, Alcan, 1900.

_____. *L'imaginaire*, Paris, Alcan, 1900.

_____. *La nausée*, Paris, Editions NRF/Gallimard, 1942, 229 p.

_____. *L'être et le néant*, Paris, Éditions NRF/Gallimard, 1943, 722 p.

VÉDRINE, H. *Comment mettre Roquentin au travail...ou Bachelard et Sartre sur l'imaginaire*, in Bachelard, G. *Profiles épistémologiques*, G. Lafrance, Paris, PUF, 1987.

3

O Mesmo e o Outro na Ética de Emmanuel Lévinas

*Creusa Capalbo**

Lévinas difere de Husserl

Sabemos que E. Husserl se separa da tradição representacionista, isto é, da concepção segundo a qual o sujeito que conhece só se relaciona com a realidade a partir da mediação das imagens, em virtude de seu conceito de fenômeno. Para Husserl, a consciência intencional visa diretamente, imediatamente, "as coisas nelas mesmas", quer sejam reais ou ideais, percebidas ou imaginadas, coisas concretas ou entes da razão, amadas ou odiadas, naturais ou fabricadas pelo homem etc. Desde as suas primeiras obras, ele define a fenomenologia, dizendo que "significa o conhecimento dos vividos em geral, aí compreendidos todos os dados não só reais, mas também os intencionais, que se podem desvelar com evidência nos vividos".[1]

Husserl sempre se preocupou em distinguir a sua noção de fenômeno e coisas em si mesmas, da noção kantiana que estabelece

---

* Departamento de Filosofia, UERJ.
[1] E. HUSSERL, *Recherches logiques*, tomo III, p. 283-4.

a dicotomia entre fenômeno, que posso conhecer, e a coisa em si que existe, mas que não posso conhecer. Para Husserl o fenômeno não é uma aparência desvinculada do ser, mas sim isto pelo qual os entes existem e se mostram para nós tal como são em seu ser, ou em seu modo de ser. O próprio Heidegger, embora preocupado em fazer mais do que uma fenomenologia hermenêutica, mostra a necessidade de a fenomenologia desvelar o fenômeno, assim se expressando: "Por trás dos fenômenos da fenomenologia, não há nada na verdade, mas pode ser que esteja oculto isto que deverá se tornar fenômeno. E é justamente porque os fenômenos não são dados primeiramente que é necessária uma fenomenologia".[2]

Em seu *Ideias diretrizes para uma fenomenologia*, Husserl mostrará que na visada intencional é necessário distinguir o "visar" e "isto que é visado", ou seja, a *noesis* e o *noema*, o ato subjetivo de visar e o objeto ao qual o ato de visar se dirige. Nessa obra, a fenomenologia é exclusivamente o estudo do método fenomenológico de visar, ou o estudo do *cogito* e do *cogitatum*. Mais tarde ele examinará como o *noema* (o objeto, o *cogitatum*) não é só correlato da *noesis* ou do *cogito*, mas também como é constituído pelo *cogito*. O tema da constituição e o tema da atribuição de sentido por parte do sujeito levarão Husserl a afirmar que a essência, ou o *cogitatum* do *cogito*, é constituição ou atribuição de sentido. Com efeito, lê-se o seguinte em seu *Meditações cartesianas*: "Reconhece-se que toda espécie de existência e toda existência já caracterizada – em qualquer sentido que seja – se dá como transcendendo a sua própria constituição. Cada forma da transcendência tem um sentido existencial, constituindo-se no interior do ego".[3] Esta fase da

---

[2] M. HEIDEGGER, *L'être et le temps*, p. 54.
[3] E. HUSSERL, *Méditations Cartésiennes*, p. 72.

fenomenologia é qualificada pelo próprio Husserl de "idealismo transcendental". Assim, o fenômeno é algo que tem para o ego, ou para um nós, o valor de um sentido constituído, desde que se entenda que esse ego que eu sou é um ego transcendental, e que o nós que formamos como comunidade intersubjetiva de sentido é intersubjetividade transcendental. Não se trata, pois, de um eu e de um nós empíricos, mas sim de tipo transcendental. É assim que o mundo, as coisas, os outros, se constituem para nós na esfera constituinte de sentido.

É certo que M.-Ponty, Sartre, A Schutz e outros não aceitarão esse idealismo transcendental, pois, aliás, o próprio Husserl virá a criticá-lo ao final de sua vida, afirmando que tudo estava acabado e que a fenomenologia deveria renascer das cinzas.

Assim, para a fenomenologia existencial, a consciência não constitui o mundo, mas, como diz M.-Ponty, a consciência habilita o mundo. E mais, a intencionalidade não é só da consciência, mas do ser humano inteiro, com a sua corporeidade.

Heidegger abandonará a temática da consciência e da constituição e dirá que o enunciado sobre o fenômeno "é verdadeiro quando ele faz ver (*apophunsis*) o ente no seu ser nele mesmo, ou seja, como 'ser descoberto'".[4] Para Heidegger não se trata de constituir, mas sim de desvelar, de fazer ver, de enunciar a verdade (*aletheia*).

Lévinas se insere na crítica a Husserl, principalmente em *Totalidade e infinito – Ensaios sobre a exterioridade*. Nessa obra, ele mostra como a fenomenologia de Husserl é insuficiente para

[4] M. HEIDEGGER, op. cit., p. 263.

entender a experiência do outro como tal, daí advindo a sua insuficiência para constituir uma filosofia social e uma ética.⁵

Comentando a quinta das *Meditações cartesianas*, Lévinas mostra como, em Husserl, a nossa experiência do outro só pode se explicitar se partir "da tarefa constitutiva dessa experiência, o sentido mesmo da posição de um outro".⁶ Ora, para Lévinas o outro é um existente que se manifesta no seu próprio rosto. O outro é, pois, transcendência e não um ser constituído pelo sentido que a minha consciência lhe atribui em sua tarefa constituinte de dar sentido às coisas.

Já em obra anterior, *Da existência ao existente*, Lévinas escrevia que a sua filosofia, inspirada na ideia platônica do bem, não seria uma filosofia que conduziria o homem a uma experiência em direção ao bem, pela qual ele se elevaria "a uma existência superior, mas será, isto sim, uma saída do ser e das categorias que o descrevem".⁷ É certo que para Lévinas o ente é para nós porque ele se mostra em seu ser para nós e como tal ele é fenômeno no sentido que a fenomenologia de Husserl atribui a esse conceito. No entanto, para Lévinas, essa noção não se aplica ao outro. O rosto do outro não se torna objeto de uma apropriação pela minha consciência. Ele chega mesmo a afirmar que "eu posso assassinar o outro, mas não posso possuí-lo".⁸

---

⁵ Discordamos dessa afirmativa de Lévinas, pois a intenção de Husserl sempre foi buscar uma fundamentação para a matemática, particularmente a lógica, e não elaborar uma filosofia social e uma ética. É claro que há momentos, em suas obras, em que ele coloca alguns temas referentes à filosofia social e à ética, mas sem aprofundá-los. O movimento fenomenológico desenvolveu uma filosofia dos valores com M. Scheler, bem como uma filosofia social com A. Schutz e R. Toulemont, só para citar alguns autores entre outros.
⁶ E. LÉVINAS. *Totalité et Infini*, p. 126-127.
⁷ E. LÉVINAS. *De l'existance à l'existant*, p. 11.
⁸ E. LÉVINAS. *Totalité et Infini*, p. 79-158.

Mas, poder-se-á indagar, o homem não é um ente que aí está lançado no mundo e que se faz, portanto, fenômeno para a consciência? A esta questão Lévinas responde dizendo que o "outro humano" é pessoa e não coisa ou objeto. Por isso "o rosto" é um ente que não é objeto de experiência como as coisas ou a natureza o são. A fisionomia de uma pessoa pode ser descrita, pois ela está presente nas particularidades que percebemos, em suas formas objetiváveis. Assim, percebemos a boca, os lábios, o nariz, os músculos faciais etc. Mas esses fenômenos da fisionomia, passíveis de descrição, não são o rosto, segundo Lévinas.

O rosto é despojado de suas qualidades objetiváveis, ele "se mostra na sua nudez", e eu não sou a origem da proximidade do outro que está aí, perto de mim; essa proximidade também não recebe a sua significação num ato de doação de sentido proveniente da minha consciência. O outro é absolutamente exterioridade em relação a mim mesmo, afirma Lévinas.

Outra crítica que ele faz a Husserl, vinculada à questão do fenômeno, é a noção de intencionalidade. Segundo Lévinas, a intencionalidade culmina na tese segundo a qual o mundo é correlato da consciência que o constitui. Lévinas combate esse "objetivismo transcendental". Em *Totalidade e infinito*, escreve que é certo que

> nós vivemos de uma boa sopa, de ar, de luz, de lazer, de trabalho, de ideias, de sono etc. (...) Mas as coisas que nós vivemos não são simplesmente polos intencionais constituídos pela nossa consciência. Elas são "exterioridade", ou seja, o mundo não existe graças aos nossos atos constituintes, pois nele nós vivemos e dele dependemos.[9]

---

[9] E. LÉVINAS, op. cit., p. 82.

Essa noção de exterioridade não conduz Lévinas ao realismo, à *res*. Ele a conceitua a partir da categoria do outro e em particular quando se refere à exterioridade do rosto do outro. Ao me voltar para o outro realizo um ato de transcendência ou de saída de meu ser em sua interioridade ou imanência. Conclui-se daí que o rosto não se mostra como fenômeno para uma consciência, ele não aparece como objeto intencional para um ego, ele não é objeto de descrição fenomenológica no sentido husserliano. Veremos a seguir o que ele é.

O mesmo, o outro, a ética

Lévinas concebe a ética como interpelação justificante, como linguagem que transita na interpelação voltada para o outro como tal. Mas a linguagem não se apresenta apenas em seu caráter dialogal, pois no seu seio pode surgir o caráter totalizante do discurso coerente. A violência do discurso totalizante se enraíza na história e se reporta à ética, pois ela se apresenta como um modo de ser na relação para com o outro que consiste em negá-lo na sua identidade e, por conseguinte, na sua diferença para comigo. Esta recusa do ser do outro na sua diferença para comigo mesmo é violência, e é a própria raiz de toda e qualquer violência político-social que se expressa pela "vontade de poder sobre o outro".[10]

A comunhão e a solidariedade entre os homens são importantes, mas a verdadeira relação ética, segundo Lévinas, não é a união, mas a relação interpessoal, face a face, estar diante do outro que

---

[10] Jan DE GREEF, *Le concept de pouvoir éthique chez Lévinas*, p. 507-520.

me interpela e pelo qual faz emergir, da estrutura fundamental da subjetividade, "a responsabilidade por outrem".[11]

A relação de responsabilidade por outrem, o estar frente a frente, fundamento de toda relação social autêntica, é analisada por Lévinas a partir do conceito de rosto. Rosto e linguagem estão ligados como essenciais ao sujeito e à relação interpessoal.

Já vimos anteriormente que não se aplica ao rosto do outro ou ao meu próprio rosto a noção de fenômeno, no sentido que a fenomenologia de Husserl atribui a esse conceito, pois o rosto não se torna objeto de apropriação e de atribuição de sentido para uma consciência. O outro não é, igualmente, objeto de minha experiência tal como posso vivenciar a experiência das coisas e da natureza. O outro é absolutamente exterioridade em relação a mim mesmo, é transcendência, ou ainda, "ausência de objetividade para mim", dirá Lévinas. Por tudo isso, não pode ser tratado como fenômeno pois não é objeto intencional para a minha consciência.

Para Lévinas, o outro não é fenômeno, mas sim enigma,[12] pois ele nos aparece diferentemente do fenômeno. Pela noção husserliana de preenchimento da intenção cognoscente, sabemos que o fenômeno tende a se esclarecer, a se completar, culminando idealmente numa evidência clara e completa. Já o enigma se subtrai no momento mesmo em que se oferece ao olhar do sujeito cognoscente. Se estou diante do outro, de uma pessoa, e examino a cor de seu cabelo, o tom de sua voz, a sua maneira de gesticular etc., o que eu estou fazendo, diz Lévinas, é examinar "os traços do outro". O outro é a ausência ou a não presença nesses traços que nos são dados. O outro é a presença enigmática de uma

---

[11] E. LÉVINAS, op. cit., p. 73.
[12] E. LÉVINAS, En découvrant l'existence avec Husserl et Heidegger, p. 197.

proximidade da existência mesma da transcendência do espírito. Diante dessa presença do outro, diz-nos Lévinas, só podemos ter uma atitude de responsabilidade para com ele, responsabilidade que tornará possível a bondade. Esse é o enigma que desempenha um papel tão decisivo na vida ética, social, política e religiosa do homem.[13]

É uma tese decisiva de Lévinas que o outro, como exterioridade radical face ao meu eu (o mesmo), difira de todas as relações que podem existir entre os entes. O mesmo é sempre presença para si mesmo; já o outro, em sua alteridade, é ausência face ao meu eu. É por essa razão que Lévinas caracteriza o rosto como ausência, que aquilo que nos resta dele são seus traços.

Os traços de uma ausência se dão, por exemplo, na lembrança de um amigo com quem estivemos no passado. Ele é irrevogavelmente passado; a sua lembrança deixou "em nossa memória traços" de sua voz, de seu comportamento, de seu sorriso, que estão ausentes para mim agora. Para Lévinas, a essência dos traços resultantes do ser que partiu, que se ausentou consiste em "significar sem fazer aparecer"; por isso o rosto não é fenômeno.[14]

Assim o eu na sua singularidade, a pessoa humana em sua subjetividade, não se compara a uma coisa ou, como diz Lévinas de modo jocoso, "o eu não é único como a Torre Eiffel (...). Ele é único porque se sustenta numa dimensão de interioridade".[15] A sua filosofia da subjetividade é a de um sujeito único para si e para os outros, e é nisso que está a sua responsabilidade incessante e única como sujeito singular.

---

[13] E. LÉVINAS. *Ética e Infinito*, p. 75-94.
[14] E. LÉVINAS. *En découvrant l'existence avec Husserl et Heidegger*, p. 199.
[15] E. LÉVINAS. *Totalité et Infini*, p. 90.

Lévinas não se ocupa da moral como sistema de mandamentos e interdições. Para ele o que interessa é o nascimento da consciência ética nas relações entre o mesmo e o outro. A relação ética se produz como linguagem, ou seja, no dizer como ação de se comunicar e se expressar numa relação face a face, e não no dito ou nos seus conteúdos. Conforme explica J. de Greef, a moral para Lévinas é universal no sentido em que o rosto do outro, na sua expressão, fala em nome da humanidade, e não em seu próprio nome. Porém, essa exigência de universalidade só se dá na fala do indivíduo concreto.[16] Nesse sentido o respeito do outro é imediato, como comenta também J. Derrida.[17]

Esse momento responsável da ética une no dizer e não nos seus conteúdos já ditos, ele é vivido e não pode ser recuperado pela reflexão, pois não pode ser tematizado; ele se constitui como resistência à reflexão. A ética visa um fim em sua finitude, que é alcançar a infinitude; daí o seu inacabamento. Lévinas assim explica: "Se a ordem moral está num aperfeiçoamento incessante, ela está sempre caminhando, jamais se realizando. O término da moral é imoral. A realização acabada da moralidade é absurda como a imobilização do tempo que ele supõe".[18] É por esta razão, então, que a moralidade humana nunca é definitiva, que a perfeição moral é sempre um apelo dinâmico em direção ao infinito.

O enigma define o estatuto da linguagem na ética, desde que se entenda, como diz o próprio Lévinas, que a ética é o "campo que assinala o paradoxo de um infinito em relação com o finito, sem se desmentir nessa relação",[19] isto é, sem deixar de ser infinito, alteri-

---

[16] J. DE GREEF. *Éthique, réflexion et histoire*, p. 434.
[17] J. DERRIDA. *Violence te métaphysique*, p. 342.
[18] E. LÉVINAS. *Difficile liberté, essais sur le judaisme*, p. 114.
[19] E. LÉVINAS. *Autrement qu'être ou au-delà de l'essence*, p. 189.

dade. Esta fala que me vem do outro, que me interpela, que eu acolho, abre a linguagem para o outro, para um além, que deixou seus traços no que foi dito. O outro me olha e, conforme esclarece Lévinas, é preciso deixar o mesmo para encontrar o outro, encontrar o rosto do outro que conduz para além de mim mesmo. O rosto não é tematizável, pois, se o fosse, o outro seria trazido para o seio do mesmo e o receio que Lévinas tem desse tipo de pensamento é que ele pode vir a construir um sistema totalitário. O outro é por excelência alteridade, transcendência, traço do infinito que guarda sua singularidade. O outro apela para a nossa responsabilidade em acolhê-lo, com cuidado, na sua realidade corporal que nos indica o dever ético de alimentá-lo, vesti-lo etc. O outro ou a transcendência pode brotar na sensibilidade e é assim que a ética, para Lévinas, torna possível o *eros*, a fecundidade, a filiação, a fraternidade.

Em conclusão, podemos dizer que a ética em Lévinas é filosofia, desde o início orientada para o outro que é a absoluta alteridade. Assim ele pode afirmar que a intersubjetividade é assimétrica, ou seja, "é uma relação de heterogeneidade do eu (o mesmo) e do outro".[20] A ética exige que o encontro ou a comunhão se dê no respeito à alteridade do outro, pois existir requer que outro se mantenha como identidade de si mesmo. A negação da alteridade do outro, do seu valor como pessoa humana, caracteriza a violência e o mal, ou seja, o uso do poder para buscar o não-ser do outro. É por isto que Catherine Chalier[21] comenta que o mal se apresenta primeiramente como despersonalização, anonimato, centro do impessoal. Em seguida, como excesso de interesse pelo ser, e pouco interesse pela pessoa do outro. Esse centramento no seu ser, na referência a si mesmo, se expressa no egoísmo humano.

---

[20] E. LÉVINAS. *De l'existence à l'existant*, p. 16.
[21] C. CHALIER. *Actes du colloque de Cerisy-la-Salle*, E. Lévinas, p. 64.

REFERÊNCIAS

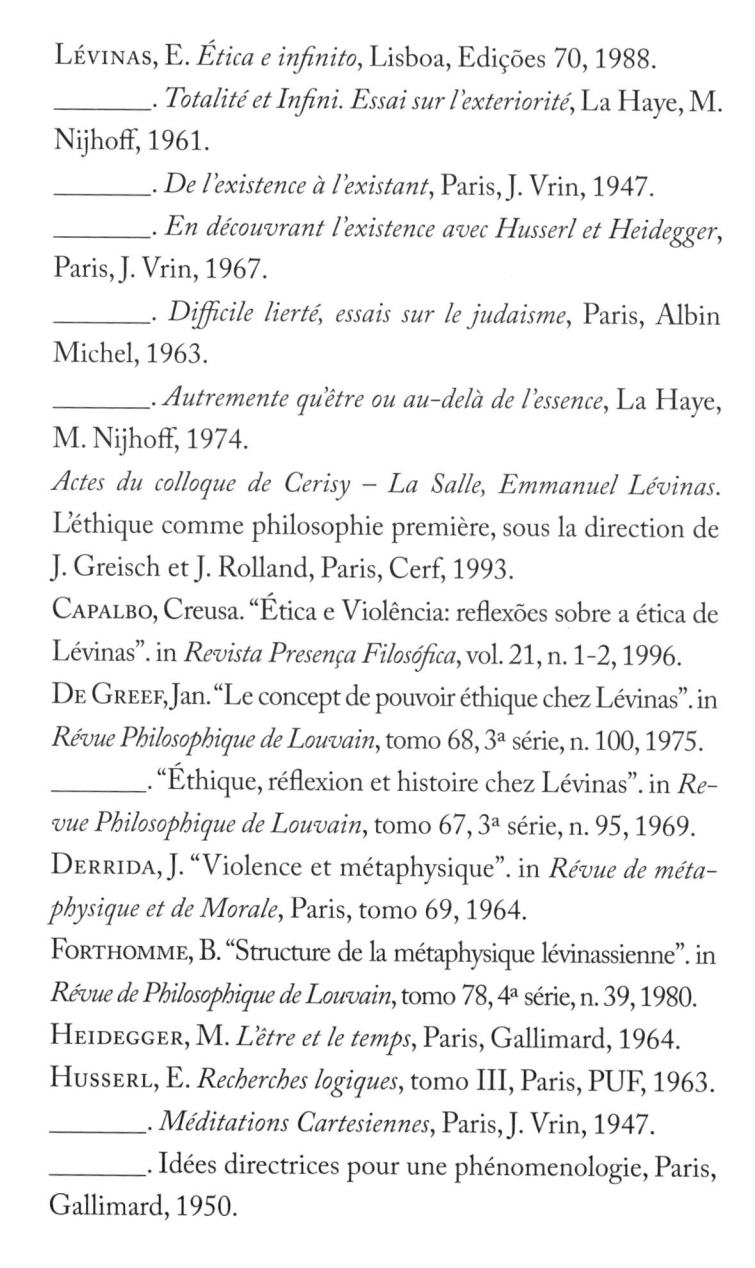

LÉVINAS, E. *Ética e infinito*, Lisboa, Edições 70, 1988.
_____. *Totalité et Infini. Essai sur l'exteriorité*, La Haye, M. Nijhoff, 1961.
_____. *De l'existence à l'existant*, Paris, J. Vrin, 1947.
_____. *En découvrant l'existence avec Husserl et Heidegger*, Paris, J. Vrin, 1967.
_____. *Difficile lierté, essais sur le judaisme*, Paris, Albin Michel, 1963.
_____. *Autremente qu'être ou au-delà de l'essence*, La Haye, M. Nijhoff, 1974.
Actes du colloque de Cerisy – La Salle, Emmanuel Lévinas. L'éthique comme philosophie première, sous la direction de J. Greisch et J. Rolland, Paris, Cerf, 1993.
CAPALBO, Creusa. "Ética e Violência: reflexões sobre a ética de Lévinas". in *Revista Presença Filosófica*, vol. 21, n. 1-2, 1996.
DE GREEF, Jan. "Le concept de pouvoir éthique chez Lévinas". in *Révue Philosophique de Louvain*, tomo 68, 3ª série, n. 100, 1975.
_____. "Éthique, réflexion et histoire chez Lévinas". in *Revue Philosophique de Louvain*, tomo 67, 3ª série, n. 95, 1969.
DERRIDA, J. "Violence et métaphysique". in *Révue de métaphysique et de Morale*, Paris, tomo 69, 1964.
FORTHOMME, B. "Structure de la métaphysique lévinassienne". in *Révue de Philosophique de Louvain*, tomo 78, 4ª série, n. 39, 1980.
HEIDEGGER, M. *L'être et le temps*, Paris, Gallimard, 1964.
HUSSERL, E. *Recherches logiques*, tomo III, Paris, PUF, 1963.
_____. *Méditations Cartesiennes*, Paris, J. Vrin, 1947.
_____. *Idées directrices pour une phénomenologie*, Paris, Gallimard, 1950.

STRASSER, S. "Antiphénoménologie et phénoménologie dans la philosophie d'Emmanuel Lévinas". in *Révue Philosophique de Louvain*, tomo 45, 4ª série, n. 25, 1977.

_____. "Le concept de "phénoménologie" chez Lévinas et son importance pour la philosophie religiense". in *Revue Philosophique de Louvain*, tomo 76, 4ª série, n. 31, 1978.

O Mesmo e o Outro: Uma Perspectiva sobre a Noção de Pessoa em Paul Ricoeur

Constança Marcondes Cesar*

Pode-se dizer que na obra de Ricoeur há uma complexificação das noções de pessoa e de sujeito, características da filosofia moderna. É estudando, primeiro, as contribuições à crítica do *cogito* em Freud, Nietzsche e Marx, e refletindo sobre a distinção entre o *si* e o *eu* que Ricoeur propõe, de modo novo, a questão do mesmo e do outro.

A meditação sobre a noção de pessoa é aqui enriquecida por uma reflexão sobre a *identidade* e a *alteridade*. Abordaremos, em nosso estudo, as noções de *identidade-idem*, de *identidade-ipse*, de *identidade narrativa* e consideraremos essas noções na sua relação com o conceito de alteridade, compreendido como o outro presente em nós, no fundo de nós mesmos: o inconsciente.

Para estudar a contribuição de Ricoeur, é preciso tomar como ponto de partida de nossa investigação a compreensão que o filósofo tem da consciência: esta não é um dado imediato, mas uma tarefa. O pen-

---

*Pontifícia Universidade Católica de Campinas.

samento filosófico, desde seus primórdios, valorizou a autoconsciência, a busca de um saber verdadeiro sobre si mesmo. Conhecer si mesmo, saber de si, é se identificar com a alma racional, com o *logos*;[1] é também, principalmente na perspectiva da Idade Média, realizar-se como pessoa, como ser espiritual, dotado de consciência e de liberdade. Esta última perspectiva, característica do cristianismo, encontrou uma expressão contemporânea na obra de Mounier,[2] amigo e colaborador de Ricoeur.

A obra de Descartes, no começo da filosofia moderna, pôs em evidência a identificação do homem com a consciência imediata de si, o *cogito*, certeza última e fonte de toda verdade que a razão pode alcançar. A evidência imediata da presença de si para si mesmo implica o reconhecimento do homem como um *eu* que põe a si mesmo e assim encontra seu fundamento e seu critério de verdade.

Esta perspectiva, inaugurada com a obra de Descartes, faz toda uma trajetória na modernidade, com Kant, Fichte, Husserl: são as filosofias do sujeito, as filosofias do *cogito* nas quais o *eu* é definido ou como eu empírico ou como eu transcendental.[3]

Ricoeur trata de mostrar que essa concepção da subjetividade põe um eu desancorado, encerrado em si mesmo. O distanciamento entre esse *cogito* e a pessoa concreta é levado ainda mais longe pelo *eu penso* kantiano, em que o sujeito se torna sem "relação com a pessoa da qual se fala, com o *eu-tu* da interlocução, com a identidade de uma pessoa histórica, com o si da responsabilidade".[4] O *cogito* exaltado anula a pessoa como realidade fundamental, ancorada

---

[1] PLATÃO, *Republique*, Paris, Belles Lettres; ARISTÓTELES, *Éthique à Nicomaque*, Paris, Vrin, 1959.
[2] MOUNIER, *Manifeste au service du personalisme*, passim.
[3] RICOEUR, *Soi-même comme um autre*, Paris, Seuil, 1990, p. 14s.
[4] Id., ibid., p. 22.

na própria vida do sujeito. É em vista dessa crítica e a fim de incorporar as contribuições da psicanálise, da fenomenologia da religião, da lingüística, para chegar a uma compreensão mais profunda e mais verdadeira do ser humano, da pessoa humana, que nosso filósofo afirma que a consciência não é um dado imediato, mas uma tarefa.[5] Diz também que não devemos confiar nas evidências imediatas, nas certezas reveladoras, fundadoras: é preciso fazer um longo percurso, o percurso que conduz do *eu* ao *si*, da consciência como presença imediata a si à descoberta de um nível mais profundo da alma, o *si mesmo*, ao qual chegamos pela mediação do mito, do símbolo, da poesia, do sonho, da crítica das ilusões.

Esse caminho, inaugurado na obra *La symbolique du mal*, em que Ricoeur nos ensina que "o símbolo dá a pensar",[6] estudando a amplificação da consciência mediante a decifração dos mitos, teve importantes desdobramentos em obras tais como *Le conflit des interprétations* e *De l'interprétation*. Nessas obras, a complexificação das noções de *sujeito* e de *pessoa* é devida às teorias da psicanálise. A obra de Freud, magnificamente estudada por Ricoeur, é mostrada como uma das mais importantes contribuições a uma nova compreensão do homem. Este não se reduz à consciência imediata que tem de si; é-lhe preciso atravessar os símbolos e analisar os sonhos, romper com as certezas do *cogito*, para chegar a si mesmo.[7]

Falando dos "mestres da suspeita",[8] isto é Freud, Nietzsche e Marx, nosso filósofo mostra como suas obras possibilitaram a

---

[5] Id., *Le conflit des interprétations*, Paris, Seuil, 1969, p. 109s.
[6] Id., *Philosophie de la volonté II. La symbolique du mal*, Paris, Aubier-Montaigne, 1960, p. 26.
[7] Id., *Le conflit des interprétations*, p. 21-22 ; *De l'interprétation*, Paris, Seuil, 1969, p. 10s.
[8] Id., ibid.

fundação de uma nova concepção do homem e a crítica das certezas do *cogito*. Freud propõe a noção de inconsciente para ampliar a noção de vida psíquica e fazer pensar numa concepção mais complexa da psique; Marx mostra a importância da ideologia na constituição das certezas e opiniões do indivíduo e põe em evidência como este é submetido, sem perceber, a ideias que são expressão da ideologia da classe social à qual ele pertence. A repetição acrítica dessas ideias afasta os indivíduos da verdade a respeito de si mesmos. A função de distorção que caracteriza a ideologia impede o homem de aceder a um conhecimento verdadeiro de si, à compreensão de si como pessoa. Ser uma pessoa, desenvolver-se como ser humano, só pode acontecer no reino da verdade a respeito de si e do outro.[9]

Mas é sobretudo a Nietzsche que Ricoeur apela, para falar de um "*cogito* quebrado,"[10] de uma revolução na concepção de homem e de pessoa humana. A crítica nietzscheana visa o caráter enganador da linguagem e a pretensão do *cogito* cartesiano de ultrapassar a dúvida generalizada. Nietzsche faz apelo ao paradoxo do mentiroso para balizar sua crítica. O que Ricoeur trata de mostrar é que "o anti*cogito* de Nietzsche [não é] o inverso do *cogito* cartesiano, mas a destruição da própria questão à qual se supunha que o *cogito* poderia dar uma resposta absoluta",[11] dado que o pensador alemão mostrou que a relação entre pensar e a suposição de que existe um substrato de sujeito na origem do pensamento, é apenas uma ilusão, uma ficção. O *eu* aparece, assim, "não como inerente ao *cogito*, mas como uma interpretação

---

[9] Id., *L'idéologie et l'utopie*, Paris, Seuil, 1997, p.17s ; p. 405s.
[10] Id., *Soi-même comme un autre*, p. 22s.
[11] Id., ibid., p. 25.

de tipo causal".[12] O que Nietzsche questiona é a própria certeza do *cogito*, enfocando o sujeito como multiplicidade[13] e não como unidade-fonte a partir da qual podem-se fundar certezas.

Mostrando que a consciência imediata de si não é um fundamento inabalável da verdade, mas uma construção, uma interpretação da multiplicidade interna do homem, Nietzsche "quebra" as certezas do *cogito*, enquanto este é visto como ponto de chegada da meditação sobre a verdade. É a partir de uma ruptura, que põe em dúvida a consciência imediata como saber verdadeiro a respeito de si mesmo, que Ricoeur, propondo a consciência não como um dado, mas como uma tarefa, caracterizará a busca de todo homem: tornar-se si mesmo, compreendendo de modo novo a noção de pessoa.

A via escolhida por nosso filósofo começa com a meditação sobre a noção de identidade, de ipseidade. Opondo o *si* ao *eu*, ele reflete sobre a noção de *mesmidade*. Identificando-a com a *permanência no tempo*, chama-a de *identidade-idem*. Reconhece também a *identidade-ipse*, associada com a noção de *si*, e põe em cena uma dialética entre *ipseidade* e *mesmidade*, "a saber, a dialética do *si* e do *outro distinto de si*".[14]

Realçamos uma importante observação de nosso autor, que resume esse jogo entre o *si* e a *alteridade*, e que constitui, em nossa opinião, o núcleo da complexificação de sua noção de pessoa. Ricoeur diz: "A ipseidade do si mesmo implica a

---

[12] Id., ibid., p. 27.
[13] Para um estudo mais profundo sobre esse assunto, ver nosso *Éthique et herméneutique: la critique du Cogito chez Paul Ricoeur*, in *L'esprit cartésien*, Atas do XXVI Congresso da ASPLF, Paris, Vrin, v.II, p. 1179-1186.
[14] RICOEUR, *Soi-même comme um autre*, p. 13.

alteridade num grau tão íntimo que uma não pode ser pensada sem a outra".[15]

É buscando superar tanto a exaltação como a humilhação do *cogito*, situando-se além dessa oposição, que Ricoeur propõe uma hermenêutica do si, tratando de desdobrá-la em quatro direções, centradas na meditação em torno da questão: quem é o homem? Trata-se de compreender quem é o sujeito falante, quem é o sujeito agente, quem é o sujeito que narra a si mesmo, quem é o sujeito moral da imputação. Assim, é nos campos da meditação sobre a linguagem, sobre a ação, sobre a ética, que o filósofo fará seu percurso para chegar a uma concepção da identidade pessoal que chamará de *identidade narrativa*. Capaz de descrever, narrar e prescrever, o homem é pessoa na medida em que faz *atestação* de si.

A seguir, examinaremos o primeiro, o quinto, o sexto e o décimo estudos do *Soi-même comme un autre*, para tentar discernir aí a noção de pessoa proposta por nosso filósofo, bem como as implicações da complexificação desse conceito. Escolhemos esse escrito como eixo de nosso estudo por duas razões: de um lado, ele é o coroamento de uma longa reflexão sobre as noções de *consciência* e de *homem*, na qual Ricoeur torna cada vez mais elaborada a imagem do ser humano; de outro, esse texto tem laços estreitos com a última obra do nosso autor, *Parcours de la Reconnaissance*, na qual retoma a complexificação da noção de homem e completa a obra de sua vida: propor, a seus contemporâneos, uma via de acesso ao conhecimento de si mesmos, uma possibilidade de se tornarem mais fiéis a si mesmos. Essa complexificação tem como ponto fulcral a noção de *pessoa*, como veremos.

A pessoa é, primeiramente, o homem, na medida em que é capaz de identificar a si mesmo, isto é, de responder à questão *quem?*:

[15] Id., ibid., p. 14.

"Quem fala? Quem age? Quem narra a si mesmo? Quem é o sujeito moral das imputações?".[16]

Compreendendo a pessoa como o ser capaz de realizar identificações, de se individualizar mediante a linguagem, nosso filósofo mostra que a pessoa, no nível mais primitivo, "é aquilo de que se fala",[17] um corpo situado num mundo objetivo, capaz de ações que se desenrolam no tempo. Ademais, pessoa é aquele que é capaz "de designar a si mesmo significando o mundo",[18] isto é, aquele que é portador de uma *identidade* autorreferencial.

O conceito primitivo de pessoa diz respeito à *identidade–idem*, à identidade compreendida como *mesmidade*, permanência no tempo. A identidade pessoal implica também a *identidade–ipse*, compreendida como fidelidade a si, através do tempo.

É esta última noção, de identidade pessoal, de *identidade–ipse*, que Ricoeur articula com uma noção nova, a de *identidade narrativa*. Nosso autor diz: "A identidade narrativa mantém juntas as duas extremidades da cadeia: a permanência no tempo e a manutenção de si";[19] é narrando sua vida que o homem descobre o sentido desta mesma vida, atestando seus traços, tornando-os reconhecíveis por outros.

Distinguindo, com Heidegger, entre a consciência moral (*Gewissen*) e a consciência fenomenal (*Bewusstein*), e ligando a primeira forma de consciência à atestação e ao *Selbstheit*, e a segunda forma ao *Dasein*, ao "modo de ser que somos a cada vez",[20] Ricoeur assinala a noção de *cuidado* (*Sorge*) como o elemento de ligação entre a primeira e a segunda forma de autoconsciência e como fun-

[16] Id., ibid., p. 28.
[17] Id., ibid., p. 47.
[18] Id., ibid., p. 138.
[19] Id., ibid., p. 186.
[20] Id., ibid., p. 358.

damento de nosso ser no mundo. O cuidado adquire, assim, uma dimensão de categoria ontológica, descritiva de nossa condição.

O si, identidade inquebrantável, fundamento da pessoa, tem como correlativo o ser no mundo: "O si é essencialmente abertura ao mundo...".[21]

É sob a dupla inspiração da fenomenologia e da obra de Heidegger que se desdobra a noção de pessoa em nosso filósofo.

Essa noção implica a compreensão do homem como ipseidade, no coração da qual se acha inscrita a alteridade.[22] Há, em Ricoeur, um uso polissêmico da palavra alteridade, que não se reduz à alteridade de um outro. A polissemia da noção de ipseidade, que separa o *ipse* do *idem*, tem como correlativo a polissemia do *outro*.

Trata-se, primeiro, no que concerne à noção de alteridade, da experiência do corpo próprio como *carne*, "mediadora entre o si e o mundo...";[23] em seguida, da alteridade do outro diverso do si, posta em relevo na experiência da intersubjetividade; enfim, a relação estabelecida pela "referência de si a si mesmo, que é a consciência no sentido de *Gewissen* [consciência moral] mais que de *Bewusstsein*[24] [consciência fenômica].

Ricoeur fala ainda da experiência da alteridade encontrada no fundo de nós mesmos como uma estrutura que impede o *cogito* de ser "exaltado, como nas filosofias do *cogito*, ou humilhado como nas filosofias do anti*cogito*",[25] mostrando que ela corresponde a uma experiência da *passividade*. Explicitaremos essa ideia a seguir.

[21] Id., ibid., p. 363.
[22] DASTUR, " L'altérité la plus intime: la conscience" in *Id., La phénoménologie en questions. Langage, altérité, temporalité, finitude*, Paris, Vrin, 2004, p. 131-44.
[23] RICOEUR, *Soi-même comme un autre*, p. 369.
[24] Id., ibid.
[25] Id., ibid., p. 368.

O corpo próprio, primeira figura desta experiência do si, é um componente da pessoa: "Se as pessoas são também corpos, é na medida em que cada uma é para si seu próprio corpo".[26] Davidson e Parfait, evocados por nosso autor, mostram essa ancoragem de um si no seu corpo próprio, enquanto este é o lugar de pertinência do si ao mundo e a condição da manutenção do homem, enquanto sofre e padece sua relação consigo, com o outro, e exprime seu poder de agir, seu modo de existir.

A dialética entre *praxis* e *pathos* faz do "corpo próprio o título emblemático de uma investigação que, mais além da simples posse do corpo próprio, designa a esfera da passividade *íntima*, logo, da alteridade, da qual constitui o centro de gravidade".[27] E é a Maine de Biran, Marcel, Merleau-Ponty, Husserl, Lévinas, Michel Henry que Ricoeur faz apelo, para compreender a problemática do *corpo* e da *carne*. A *carne* é o paradigma da alteridade, na medida em que é nela que a ipseidade encontra sua alteridade característica, seu suporte. Diz o filósofo: "É aqui que a alteridade do outro como estrangeiro, diverso de mim, parece dever ser (...) entrelaçada com a alteridade da carne que sou (...)".[28] O paradoxo da alteridade deve responder à questão: "Como compreender que minha carne seja também um corpo?".[29] A resposta a esse paradoxo, Ricoeur a encontra na obra de Heidegger, *Ser e tempo*, em que a meditação sobre o *Dasein* envolve, na consideração do *ser-lançado*, da *facticidade*, a investigação do si que pode ser compreendido como *carne*, e como alteridade primeira, inscrita no coração do si: "A estranheza da finitude humana, selada pela en-

[26] Id., ibid., p. 371.
[27] Id., ibid.
[28] Id., ibid., p. 377.
[29] Id., ibid.

carnação (...)".³⁰ A pessoa é, pois, carne, estranheza e alteridade em relação ao *eu*, à consciência mergulhada no corpo. Mas é também o homem, conforme este se acha perante a alteridade do outro.

A ficção é "o meio privilegiado para experiências de pensamento" em que "a afecção do si pelo diverso de si" encontra sua expressão. Husserl e Lévinas, bem como Ricoeur, mostraram a derivação do *alter ego* do *ego*, dado que só "uma carne (para mim) que é corpo (para o outro) pode representar o papel de primeiro *analogon* ou transferência analógica de carne a carne"; o *alter ego* é uma "segunda carne própria",³¹ meu semelhante, alguém como eu. A pessoa é o si, capaz de autoexposição, de testemunho, de atestação, de promessa, de responsabilidade, de transpor o abismo entre a identidade e a alteridade.

A dialética do mesmo e do outro, inscrita no coração do homem como pessoa, encontra no tema da consciência seu aspecto mais importante. É no seio da consciência, no seu fundamento mais íntimo, que encontramos o *si*, fonte de significação, alicerce último da pessoa. É o *si* como outro da consciência imediata (*eu*) que Ricoeur toma como objeto de sua reflexão; é o outro em nós, o mistério que reside no fundo do homem que o interessa.

Desse mistério, só podemos nos aproximar pela análise dos sonhos, dos mitos, da poesia. A pessoa é esse caminho em direção a si mesma, a tarefa de toda vida humana: encontrar um núcleo na alma em que possa ancorar uma consciência mais ampla, mais profunda, mais verdadeira que aquela oferecida pela experiência imediata.

³⁰ Id., ibid., p. 378.
³¹ Id., ibid., p. 386-387.

Essa consciência ampliada é uma via do desabrochar da pessoa; é mediante o *percurso do reconhecimento*[32] que nosso filósofo desenvolve sua meditação. O reconhecimento de si como ser "capaz de certas realizações"[33] encontra sua plena expressão no reconhecimento mútuo e constitui sua característica mais importante. É definindo o homem por suas capacidades que Ricoeur estabelece um parentesco estreito entre a atestação e o reconhecimento de si. Essas capacidades são: poder dizer, poder agir (isto é, a *ascrição*, capacidade de "se designar como aquele que faz ou fez"[34]), poder narrar e narrar a si mesmo (isto é, poder projetar sua identidade pessoal como *identidade narrativa*[35]), ser capaz de imputação[36] (isto é, ser responsável por sua ação ou ser responsável por outro ser humano, por outrem). Essas capacidades se desdobram na linha do tempo: estão associadas à *memória*, ao passado, e à *promessa*, ao futuro, pensados juntos "no presente vivo do reconhecimento de si (...)".[37] É a identidade da pessoa que está em jogo nessa experiência da temporalidade: "Com a memória, a principal acentuação recai na mesmidade (...) com a promessa, a importância da ipseidade é tão grande que a promessa é, de bom grado, evocada como paradigma da ipseidade".[38]

Dizer *quem* se recorda, *como, de que* nos recordamos é retomar o passado no presente, é reconhecer a dialética do mesmo e do *ipse* instalada no coração de toda vida: "É na memória meditante que

---

[32] Id., *Parcours de la reconnaissance*, Paris, Stock, 2004.
[33] Id., ibid., p. 110.
[34] Id., ibid., p. 149.
[35] Id., ibid., p. 150.
[36] Id., ibid., p.157s. Ver também p. 189.
[37] Id., ibid., p. 165.
[38] Id., ibid.

coincidem o reconhecimento das imagens do passado e o reconhecimento de si".[39] Por sua vez, a promessa destaca a fidelidade à palavra dada, como manutenção de si. Essa permanência de si está sempre voltada à apreciação do outro, e implica o reconhecimento de si e o reconhecimento mútuo.

A pessoa é o homem capaz de agir e de pôr-se de acordo com outros sujeitos, instaurando o "laço social sob a figura de identidades que aí se relacionam".[40] Essa capacidade de ação implica responsabilidade e liberdade, seja no nível individual, seja no nível coletivo, e estabelece uma correlação na qual direitos e capacidades são resumidos no conceito de *direitos a capacidades*, à justiça, no nível social. As situações conflituais, que surgem na vida social, expõem "as ideias de pluralidade, de alteridade, de ação recíproca, de mutualidade".[41] Mas é o reconhecimento mútuo que estabelece, na ideia de direito, uma junção entre ipseidade e alteridade.[42]

O percurso do reconhecimento é "a passagem do reconhecimento-identificação, no qual o sujeito do pensamento pretende efetivamente o domínio do sentido, ao reconhecimento mútuo, no qual o sujeito se coloca sob a tutela de uma relação de reciprocidade".[43]

O percurso em direção à identidade é o percurso do homem em direção a si mesmo, que o conduz ao reconhecimento-atestação e ao reconhecimento mútuo, isto é a "receber a plena confirmação de sua identidade em favor do reconhecimento por outrem de seu império de capacidades".[44] Esse é o percurso do homem para sua

[39] Id., ibid., p. 187.
[40] Id., ibid., p. 203.
[41] Id., ibid., p. 219.
[42] Id., ibid., p. 251.
[43] Id., ibid., p. 359.
[44] Id., ibid., p. 361.

afirmação como pessoa, isto é, como ser capaz de dizer, atestar, reconhecer-se, reconhecer o outro, narrar a si mesmo, prometer, ser reconhecido.

O jogo do mesmo e do outro, abordado nessa obra, mostra que "paralelamente a esse percurso da identidade se desenrola o da alteridade".[45] Examinando as formas de conflito entre pessoas, nosso filósofo enfoca o duplo sentido da alteridade: a que é compreendida como *reconhecimento mútuo* e a que é compreendida como *confronto* entre sujeitos.

Fala-se, diz-se, narra-se, na expectativa de ser ouvido, de suscitar cooperação; recorda-se, para partilhar lembranças; promete-se, para testemunhar uma fidelidade a si e ao outro. Esse percurso, da consciência imediata ao si, do sujeito empírico à pessoa, está sempre ameaçado pelo desconhecimento, o esquecimento, o perjúrio. O "reconhecimento mútuo pode se resumir como uma luta contra o desconhecimento do outro, ao mesmo tempo que como uma luta pelo reconhecimento de si pelos outros".[46]

O jogo do mesmo e do outro[47] assinala, pois, uma dissimetria originária entre o eu e o outro, que só pode ser superada por uma ética primordial, na qual o amor, sob a forma de dom, de responsabilidade, religa os dois polos — o eu e o outro — reconhecendo-os como pessoas.

---

[45] Id., ibid., p. 362.
[46] Id., ibid.
[47] Ver também, para um exame da trajetória da questão na obra de Ricoeur, seu *Reflexion faite*, Paris, Esprit, 1998, p. 76s. e p. 100s.

5

Sartre: Da Consciência do *Ser e o Nada* ao Existencialismo Humano

*Cléa Góis**

Introdução

O existencialismo ateu, que Sartre representa, declara que se Deus não existe, há pelo menos um ser no qual a existência precede a essência, um ser que existe antes de poder ser definido por qualquer conceito: esse ser é o homem. O homem não é mais o que ele faz. A nossa responsabilidade é muito maior do que poderíamos supor, porque envolve toda a humanidade; escolhendo-me, escolho o homem. A liberdade não é uma nova essência ou uma nova qualificação da consciência: ela é totalmente o projeto de um mundo. Minha perspectiva aqui será essencialmente filosófica, mas minha preocupação básica é propor que as questões da liberdade e da consciência sejam tratadas de forma engajada.

---

* Universidade do Estado do Rio de Janeiro; Universidade Veiga de Almeida.

Sartre e o existencialismo

Em *O existencialismo é um humanismo*, manifesto no qual Sartre pretendeu mostrar a quintessência teórica de *O ser e o nada*, o filósofo tenta uma saída para as numerosas críticas que se dirigiam contra seu pensamento, como a de apresentar uma visão demasiadamente sombria da vida; a de acentuar um pessimismo negro e desumano; a de escandalizar com seu naturalismo, similar, aliás, ao dos novelistas da época, complacentes com tudo o que fosse "feio" na vida humana. Daí o ensaio ter um título que precisa defender o "humanismo", ressaltando algumas teses principais de sua visão de mundo, de uma maneira que pretende ser menos pessimista.

O pensamento de Sartre reflete a preocupação, dita "existencial", de que o homem, posto no mundo pela sociedade, pela política, pela família, pela educação ou por hábitos adquiridos, está sempre, não num corredor estreito ou num curral, mas numa encruzilhada de múltiplos caminhos. A escolha, pelo ser humano, dentre os vários caminhos, deve revestir-se da responsabilidade de uma opção atuante, participante, por mais que isso possa parecer inquietante ou incômodo.

Sartre entende por "existencialismo" um ideário ou uma posição filosófica, que torna possível dar um sentido à vida humana. Por outro lado, declara que toda verdade e toda ação implicam um meio humano e uma subjetividade humana. O existencialismo afirma que a "existência precede a essência" (Sartre, 1946, p. 80). Esta fórmula ou "tese" ontológica tem miríades de implicações, dentre as quais a de que temos de partir da subjetividade para entender a existência. Para o existencialismo, tal como Sartre o pretende, o homem primeiramente existe, descobre-se, surge no mundo e só depois se define. O homem é não apenas como ele se concebe, mas como ele quer que seja ou como se concebe após a existência. Não somos mais do que o que fazemos. Ficou famosa sua resposta aos estruturalistas, no sentido de que não importa o que as estruturas fazem de nós, mas sim o que nós fazemos disso que elas fazem de nós (Sartre, 1946, p. 82).

A primazia ou anterioridade da existência é o princípio fundamental do existencialismo. Seu primeiro esforço é, portanto, analisar o homem na situação em que ele se encontra e atribuir-lhe a total responsabilidade por aquilo que ele se torna, não só individual, mas coletivamente. Pois, se a existência precede a essência, e se queremos existir, ao construir nossa imagem esta será "válida" para todos: escolhendo-me, "escolho" a humanidade. Essa arquirresponsabilidade dá origem, como seria de se esperar, a uma angústia. Não podemos escapar dessa responsabilidade total.

Para Sartre, a inexistência de Deus é um pressuposto "de fundo". Não se trata de prová-lo: o homem *está abandonado*. Não encontra nem em si, nem fora de si, realidade alguma que o sustente. Se Deus não existe, não podemos encontrar fora de nós valores ou imposições que legitimem o nosso comportamento. Somos livres, mas absolutamente sós, e sem desculpas. Para Sartre, não é tanto Deus que está morto, mas um conjunto de valores intermediários entre Deus e o homem, um conjunto de mitos e semideuses, que os filósofos denominaram de "valores".

Tudo é gratuito. No entanto, pelo próprio fato de existir, o homem tem de sobrepujar essa gratuidade. A capacidade de ser "bom" não é um "dever": encontra-se na própria vida. Mas o que posso fazer com minha liberdade? Sendo basicamente um projeto, uma tarefa, já que não tem essência, a liberdade deve fazer-se, criar-se. Já que é pura espontaneidade, é invenção constante. Ser é agir. Como projeto, a consciência se lança adiante, no futuro. O homem se distancia do seu passado e *do determinismo*, ao se projetar para o seu futuro.

O "novo humanismo" de Sartre pretende mostrar que é possível uma liberdade para todos, uma liberdade que não seja um "ideal moral", mas uma estrutura ontológica da própria ação humana. O homem sartreano desenvolve uma incessante atividade no mundo e, no entanto, permanente, de com ele instituir relações duráveis e positivas, saindo do seu doloroso e abstrato isolamento. É exatamente com o objetivo de eliminar esse isolamento que Sartre elabora a noção de "situação" na obra *O ser e o nada*, procurando por meio dela transformar a abstração anônima do ser-para-si nessa realidade mais concreta que é o "homem-em-situação" (Sartre, 1943, p. 583).

De um ponto de vista geral, a situação designa o complexo dos determinismos e das estruturas que condicionam o homem como sujeito agente. Mas não se pense que a situação coincide simplesmente com o ser-em-si opaco do mundo, ser que de diversos modos limita a minha liberdade. Ela é antes a intersecção, o encontro e o desencontro entre esse ser-em-si e os meus livres projetos. A situação, com efeito, define-se e configura-se apenas em relação aos projetos elaborados pelo ser humano. Sartre distingue e analisa as principais estruturas situacionais que, de um ou outro modo, condicionam a livre escolha do projeto do ser humano. São elas: *o local* em que me encontro, em nível geral e particular; *o passado*, ou seja, os acontecimentos histórico-temporais pelos quais passei; os meus *entours*, isto é, as "coisas-utensílios" que me circundam, com suas próprias adversidades e utilizações; o meu *próximo*, como presença fatual do outro ou dos outros como tais, com todas as potenciais implicações que acarretam para o meu projeto. Ligada à existência do próximo está a alienação do sujeito humano, a qual, ainda que sempre superada ou superável, pela escolha e pela ação, nunca é definitivamente eliminada, constituindo para Sartre o caráter essencial de cada situação em geral; e a morte, como derrota sem direito a retroagir, de novo absurda, porque estranha a nós, no seu determinismo, fato que retira todo o significado à vida.

É exatamente ao aprofundar a noção de situação que Sartre desenvolverá o seu próprio pensamento na direção de um existencialismo mais consciente da presença ativa e condicionada da história e da sociedade em relação à vida do indivíduo. Neste momento, é difícil verificar se esta elaboração do conceito de situação será uma superação convincente da abstração e da solidão ontológica do sujeito sartreano. Saliento o fato de que a situação surge como estrutura do sujeito e, em última análise, dependente dos seus projetos. Tudo o que condiciona o sujeito constitui uma situação apenas se e na medida em que seja assumida e vivida como tal. Por outro lado, é ainda necessário observar que não chega a condicionar efetivamente a liberdade humana. Mesmo realizando-se no interior de uma situação, ela permanece um absoluto, um incondicionado, permanece algo intrínseca e ontologicamente independente da realidade objetiva e até mesmo a ela se contrapondo.

A liberdade

Na seção de *O ser e o nada* dedicada à análise da liberdade e do agir humano, Sartre nos apresenta uma teoria que lhe é particularmente cara: aquela segundo a qual o homem é um ser que escapa a todo o rígido determinismo exterior e também interior, um ser imediata e integralmente responsável por todas as suas ações. O homem, em suma, é intrínseca e ontologicamente livre.

A liberdade é apresentada de maneira bastante tradicional, contrapondo-se simetricamente à necessidade. A liberdade consiste na prerrogativa absoluta que o homem possui de decidir diretamente sobre seus próprios atos, o que é simultaneamente fundamento e expressão do não condicionamento do agir humano. O primeiro ato que lhe é inerente é o da escolha. É a escolha que "dá sentido à ação determinada, que eu posso ser levado a tomar em consideração" (1943, p. 559). Com esta definição, Sartre procura distinguir a liberdade humana do mero arbítrio. Afirmar que o homem é livre não significa conferir-lhe o poder ou o destino de agir caprichosamente e ao acaso. O homem é livre à medida que pode livremente decidir o seu próprio comportamento, escolhendo os seus próprios valores, elaborando os próprios projetos e, desse modo, assumindo uma determinada atitude em relação ao próprio futuro, presente e passado. No plano ontológico, a liberdade é a possibilidade de o para si existente negar a sua própria faticidade em si, transcendendo-a em direção a outra situação.

De especial importância é a recusa de Sartre a reduzir a liberdade a uma prerrogativa que cabe apenas aos atos reflexos voluntários. Se tal teoria fosse válida, seria necessário admitir que o homem está absurdamente dividido em compartimentos heterogêneos, como, por exemplo, o eu voluntário e livre e o eu passional e escravo.

Na realidade, a liberdade está bem longe de se reduzir aos âmbitos da ação, da razão e da vontade. Condição e fundamento do próprio ser do homem, ela se manifesta em todos os seus atos. Não sendo exclusivas depositárias da liberdade, as ações voluntárias são apenas um modo de ser sujeito relativamente aos motivos e estímulos que levaram ao seu agir. Se esse modo foi privilegiado, isso sucedeu com base numa interpretação completamente errada da ação humana e sua gênese. Segundo essa interpretação, o sujeito age depois de ter racionalmente avaliado as possíveis causas que ocasionaram a própria ação. Na realidade, de modo algum há motivos preexistentes "em si" da ação: sou eu que em tal os transformo ao inseri-los numa escolha minha, num projeto meu, no interior do qual eles assumem um significado e um peso para mim. Ora, essa escolha e esse projeto estão longe de ser determinados exclusivamente pela razão: resultam essencialmente de pulsões e intenções pré-reflexivas. A deliberação racional e voluntária é apenas um momento posterior, o qual, além de ser indispensável, constitui, por sua vez, uma escolha: "Quando delibero, o jogo está feito. E se devo chegar a uma deliberação, é apenas porque cabe no meu projeto original dar-me conta dos motivos por meio da deliberação, e não de qualquer outra forma de descoberta" (Sartre, 1943, p. 547).

A polêmica de Sartre contra todas as formas de determinismo psicológico também não está isenta de observações importantes. O erro de fundo do determinismo psicológico foi e é procurar uma causa preexistente, unívoca e objetiva para todos os atos humanos, ao mesmo tempo em que descura a existência da consciência crítico-intencional do homem e a sua inerente capacidade de agir de modo livre e próprio, consoante a faticidade do existente. A esta atitude errada contrapõe Sartre uma psicologia que se recusa a reduzir a consciência a um inerte em si, concebendo-a em vez disso como um para si ontologicamente "em falta" e "desejante" e, portanto, ontologicamente tendente a superar a sua própria situação. A liberdade é, precisamente, essa permanente superação e projeção absolutamente espontâneas e não derivadas do sujeito. O livre agir não resulta propriamente de alguma causa que o motive, sendo antes ele mesmo, ao escolher as suas próprias causas, à luz dos seus próprios fins e projetos.

É essa corresponsabilidade que dá fundamento à angústia, pois cada indivíduo é um legislador pronto a escolher a si próprio e a humanidade inteira, não podendo escapar a essa sua total e profunda responsabilidade. Mas nem para Sartre a liberdade equivale a libertinagem. Liberdade absoluta só existe para o projeto fundamental, para a escolha originária, a escolha absolutamente incondicionada. Todas as outras escolhas são condicionadas pela escolha originária, a qual, no entanto, pode ser modificada. A modificação do projeto inicial é possível em qualquer momento: "A angústia que, quando revelada, manifesta à nossa consciência a liberdade atesta a modificabilidade perpétua do nosso projeto inicial" (1943, p. 80-82). Estamos constantemente ameaçados de termos anulada a nossa escolha atual, constantemente ameaçados de nos escolher e nos tornar assim diferentes do que somos. Tudo o que acontece no mundo remonta à liberdade e à responsabilidade da escolha originária; por isso nada do que acontece ao homem pode ser tachado de inumano.

Essa angústia não nos separa da ação, mas faz parte da própria ação: "É na angústia que o homem toma consciência de sua liberdade" (Sartre, 1943, p. 66-67) ou, dito de outro modo, a angústia é o modo de ser da liberdade como consciência do ser. A liberdade que descobrimos na angústia, que é angústia de mim mesmo, caracteriza-se pelo nada que se insinua entre os motivos e o ato, e carrega consigo um fundamento de niilização, uma vez que a angústia é também captação do nada.

O nada, o não-ser, aparece sempre que interrogamos sobre o *ser*, porque as respostas revelam-se juízos negativos, alguma limitação ou parte do não-ser. A interrogação nos mostra que nos encontramos rodeados de negações (nadas). É a possibilidade permanente do não-ser, fora de nós mesmos e em nós mesmos, que condiciona nossas questões sobre o ser. O que quer que o ser seja deve surgir necessariamente sobre o fundo do que não é. É a negação, como estrutura do juízo negativo, onde se encontra a origem do nada ou, pelo contrário, é o nada, como estrutura do real, a origem e o fundamento da negação? Sartre opta pela segunda; as famosas negações somente fazem descobrir os cortes do não-ser no seio do ser, pois do ser não se derivará nunca a negação. A condição necessária para que seja possível dizer "não" é que o não-ser seja presença perpétua, em nós mesmos e fora de nós mesmos, e que o nada seja interior ao ser.

Assim, é pelo *ser* que o *nada* vem às coisas. E o ser por quem o nada surge no mundo "é um ser em quem, em seu ser, está em questão o nada de seu *ser*" (Sartre, 1943, p. 543). Este ser é o homem, no seio do qual se dá um processo "niilizante" que faz aflorar o nada no mundo. É a possibilidade para a existência humana de segregar o nada que se chama "liberdade". Essa liberdade que pertence à essência do ser humano é condição indispensável de sua niilização. Aqui Sartre situa a liberdade em relação à angústia. É na angústia que o homem toma consciência de sua liberdade, isto é, a angústia é o modo de ser da liberdade como consciência do ser.

Quando Sartre afirma que "o homem está condenado a ser livre" (1943, p. 515-516), significa que está condenado porque não se criou a si mesmo: e no entanto é livre, porque uma vez lançado no mundo, é responsável por tudo quanto fizer. O existencialista crê que o homem é responsável por sua paixão. Pensa que o homem, sem qualquer auxílio, está condenado a cada instante a inventar o homem, num futuro virgem que o espera.

A liberdade não é uma nova essência ou uma nova qualificação da consciência: ela é totalmente projeto de um mundo. Sartre não desengaja uma espécie de liberdade essencial à consciência ou ao homem, uma liberdade paradisíaca que, em seguida, procuraria engajar-se no mundo e na ação, pois "não há liberdade a não ser a engajada, em determinada situação" (1943, p. 575-576). É precisamente esta a faticidade, isto é, a irremediável contingência de nosso ser aí, a nossa existência sem meta e sem razão.

Sendo essencialmente projeto, isto é, tarefa de se libertar, a liberdade descobre-se "no próprio ato numa unidade com esse ato" (Sartre, 1943, p. 516). A consciência sartreana, em vez de ser, já que não tem essência, deve fazer-se, criar-se, uma vez que é espontaneidade pura, invenção constante. A ontologia sartreana não repousa apenas sobre a dicotomia entre o "em si", que é o mundo, a coisa, e o "para si", a consciência, já que o ser não é um depósito. Fazer é um "em si" tão importante como ser. Ter, fazer, ser são categorias básicas da realidade humana. Pela primeira vez, a fenomenologia se desenvolve no sentido de uma filosofia do fazer, da criação da ação, de um pragmatismo no sentido lato. Ser é agir.

Mas se fazer é fazer-se outro, isto é, autotransformar-se, o recuar nadificante da consciência não pode ser uma atitude de contemplação ou a postura de um espectador desinteressado. Consciência quer dizer projeto de retomada e de transformação. Em Sartre, a nadificação é intenção de transformação do mundo ou a intenção de se transformar a si próprio, pois o eu faz parte do mundo. Basta então levar até o fim a redução fenomenológica, reduzir até o eu e chegar até a consciência-nada-transcendental, para que a filosofia intuitiva, contemplativa, reveladora, que é a fenomenologia, transforme-se em filosofia de ação, em filosofia de trabalho, em filosofia da práxis. E reciprocamente, em Sartre, não há ação que não seja revelação; não há senão a ação que nos permite vislumbrar, conhecer. O recuar nadificante é uma maneira de se retirar de uma situação para vê-la, compreendê-la, transformá-la.

A consciência é projeto. Ela se lança adiante no futuro: podemos compreendê-la só em função daquilo que será. A redução fenomenológica significa, para Sartre, que o homem se distancia do seu passado e do determinismo, da causalidade eficiente que vai do passado ao presente, e se projeta para o seu futuro. Se procurarmos analisar a nossa consciência e sondá-la, veremos que é vazia, encontraremos nela apenas o futuro. Todavia o projeto é ao mesmo tempo movimento do futuro para o presente. O homem é o ser que vem a si próprio a partir do futuro, que se define por seus fins.

Os fins a que nos propomos ou que projetamos refletem-se em nossa situação e nos proporcionam meios para transformá-la. Se podemos ter uma consciência do presente, é graças a essa distância que assumimos em direção ao projeto para o futuro. A redução fenomenológica assim efetuada é liberdade, libertação do determinismo do passado e retomada a partir do futuro. E aí surgem os dois movimentos fenomenológicos complementares: colocação (do passado) e intencionalidade, e a definição da consciência do presente, graças a esse duplo movimento.

Por meio de seu método fenomenológico de desvendamento, pretendia fazer parecer o sentido escondido, no duplo sentido de significação e de finalidade. Quer dizer, o fim já está lá sob forma latente. Mas, para Sartre, não existe o já dado, pois a redução vai até o nada. A intenção visa o que ainda não é; não aquilo que é latente, senão aquilo que é futuro. É por isso que a consciência-projeto só desvenda valores criando-os na liberdade que desabrocha na ação. Não há valores dados ou latentes, pois o valor não existe jamais. O homem é apenas aquilo que faz no presente.

Todavia, já que a liberdade não é dada e que ela é projeto de libertação, ela encontra uma resistência. Não apenas os limites de uma situação de fato, a faticidade, ameaçam-na, mas também as tentações da má-fé, que nos levam a tentar fugir à responsabilidade e à solidão da decisão livre. Como toda ação é transformação, esforço, luta, essa decisão se lança contra o adversário. Ela é fracasso. Em vista da liberdade e da ação, a redução fenomenológica leva à concepção mais radicalmente antinaturalista, antimaterialista do homem. O homem não se explicará a partir do mundo e dos outros domínios de entes no mundo. A consciência nadificadora do mundo é pura existência, sem essência, pura subjetividade, e suporta por si a nossa humanidade. É só graças a ela que somos homens. Porém, essa consciência não é distinta do mundo. Ela é inteiramente intencionalidade do mundo, do qual ela se arranca. Seu próprio nada está virado inteiramente para o mundo pela intencionalidade que a define especificamente, tanto como o seu nada, como a sua liberdade. Ela não é objeto, mas inteiramente projeto. Quer dizer, o homem se define não por caracteres ou por uma natureza que lhe seriam inerentes, mas unicamente por seus empreendimentos no mundo, pela ação.

Sartre destitui o homem de qualquer natureza, mesmo animal, para salvaguardar sua liberdade de ação, mas não para lançá-lo nos braços de Deus. Se a consciência tem realmente tudo fora dela, se ela não é interioridade, não descobrimos nada, nem um fundo recalcado, pois a consciência é toda translucidez, um fundo que repousaria sobre um além do homem, sobre uma transcendência. O homem se define sem Deus. Tendo operado a redução fenomenológica no eu e no mundo, Sartre, para conservar a consciência em seu puro nada e, portanto, como pretensão de liberdade, agora opera o mesmo processo com respeito a Deus. Quando se trata de discutir a humanidade do homem, a consciência deve apartar-se de Deus, como se apartou de seu eu e do mundo. Quando se deseja definir o homem, Deus será simplesmente colocado entre parênteses. Não se trata de demonstrar que Deus não existe, pois ainda que Deus existisse, em nada se alteraria a questão; esse é o ponto de vista fenomenológico de Sartre. Não que ele acredite que Deus exista; pensa antes que o problema não está aí, na questão de sua existência: "É necessário que o homem se reencontre a si próprio e se persuada de que nada pode salvá-lo de si mesmo, de sua liberdade, nem mesmo uma prova válida da existência de Deus" (1946, p. 55).

A descoberta verdadeiramente angustiante, porém, é que este vazio, este não-ser, não está perante ou fora de nós: está em nós mesmos. O homem descobre que essa inquietante liberdade está nele próprio. Ontologicamente destinado a agir e a transcender o ser e, portanto, a transcender toda a confortável rotina determinista, o homem dá-se conta de estar "condenado à liberdade", que se identifica precisamente com este urgente impulso interior para transcender o existente. É nessa base que se instala a irresistível tendência do homem para fugir de si próprio, para fugir da sua própria e angustiante abertura interior ao não-ser. A fuga de si próprio como permanente comportamento humano é a má-fé.

Conclusão

Para descobrir a humanidade do homem, a consciência arranca-se de seu Deus, como foi arrancada de seu eu e do mundo. Para definir o homem, Deus será colocado entre parênteses. A questão não é se Sartre acredita ou não na existência de Deus. O problema não está aí. É necessário que o homem reencontre a si próprio e que saiba que nada pode salvá-lo de si mesmo, de sua liberdade. É aqui que encontramos a relação entre consciência e liberdade, na doutrina sartreana da ação. Como ele diz, "só a ação é realmente libertadora; só ela é a verdadeira medida do homem" (1943, p. 508). Sartre afirma que tudo o que acontece no mundo acontece por meio do homem e que cada um é um homem total, que, ao mesmo tempo, toma consciência de que existe só enquanto age.

REFERÊNCIAS

SARTRE, Jean-Paul. *La Nausée*. Paris: Gallimard, 1938.

_____. *L' Être et le Néant – Essai d'Ontologie Phénomé--nologique*. Paris: Gallimard, 1943.

_____. *L'Éxistentialisme est un Humanisme*. Paris: Éditions Nagel, 1946.

6

Gabriel Marcel: A Filosofia da Existência como Neossocratismo

Paulo de Tarso Gomes

A situação humana de itinerância

É recorrente o uso da metáfora da edificação para explicar um sistema filosófico. Dizemos que seus fundamentos são sólidos para alicerçar as conclusões do pensador, falamos da altura ou da extensão de seu sistema e assim seguimos pelo caminho dessa metáfora da construção. Pela singularidade de seu pensamento, Gabriel Marcel seria, nessa metáfora, o filósofo sem-teto. Na ausência de um sistema que lhe possa servir de moradia, nós o encontramos primeiro como um andarilho e depois como um peregrino. É uma filosofia que se recusa a descansar num abrigo definitivo sem, contudo, converter-se em filosofia do desamparo.

A princípio, não se conta com uma novidade de problemas, uma vez que a filosofia da existência de Marcel se propõe como uma filosofia do *ser*. Evoca, desse modo, o conhecido problema metafísico, entretanto, essa indagação principia como oposição radical ao *ter*. A negação do *ter* traz por consequência metodológica a negação primeira em *ter* uma resposta ao problema fundamental da filosofia essencialista. A ausência de novidade na posição do problema se reverte em novidade de método e de postura ante a solução.

Em sua perspectiva ante o problema do ser, expressa o caráter negativo, característico do existencialismo, pela negação do *ter* uma resposta e, de modo amplo, *ter* um sistema de filosofia. Ainda que a filosofia seja mediada pelas palavras, seu discurso não fará das palavras o caminho de posse de conceitos e ideias, senão o recurso da linguagem para expressar o que o andarilho vê pelo caminho, pelo qual passa, no qual não se detém e nem pode ser detido.

De outra parte, não avança esse caráter negativo rumo a um mergulho em nada, fugindo do caminho mais linear em que a recusa de resposta ao problema metafísico lança o filósofo, entre a rebeldia e a necessidade, numa forma de niilismo. O despojamento do andarilho não é uma *atitude*, mas uma condição, ou, numa palavra mais próxima, uma *situação*.

Em contrário a essa expectativa pelo *nada* que a situação do andarilho traduz, diríamos que Marcel faz da negação do *ter* uma *abertura* ao problema do *ser*. Na busca do que seria uma posse legítima e fiel à existência, é preciso admitir que tudo o que a pessoa tem é o itinerário de *ser*; essa itinerância é a *única posse e a única propriedade concreta do humano*.

A pessoa itinerante, o *homo viator*, o andarilho e o peregrino não podem ter muitas coisas, pois sua posse primeira e verdadeira leva à situação de despojamento e, em consequência, à dura crítica do *ter* como fonte de sentido e definição do humano. Nenhuma posse ou objeto pode fazer desse andarilho mais do que faz por ele sua itinerância. Detido pelos objetos, retido pelas posses, ele se trai. Define-se e, ao aceitar o autoengano de *uma* definição, torna-se inautêntico, pois como se pode ainda dizer viandante se não percorre mais itinerário algum?

Longe do abrigo da razão

Nem mesmo a posse da razão pode servir-lhe de abrigo. O despojamento necessário ao andarilho o obriga, desde o início, a abrir mão da racionalidade que institui a segurança. O apetite da razão é pelo gozo da previsão acertada. O encanto da racionalidade está em sua capacidade de criar mundos futuros e imaginários, de criar a imagem de um caminho que conduzirá o andarilho a esses futuros. Ceder a esse encanto implica aceitar a estratégia sub-reptícia de submissão à razão, em que o andarilho se torna objeto do mapa, do plano de viagem, da segurança da previsibilidade de seus passos. Nada há que temer, pois tudo está previsto. A itinerância se torna objeto do plano estabelecido, a razão se entretém em discutir os mil caminhos possíveis e os outros impossíveis que também seriam interessantes. Discorre sobre o mar de possibilidades, refuta os caminhos da inviabilidade e com isso faz o andarilho parar, deter-se, preocupar-se em saber se está preparado, se sabe aonde ir, se conhece de onde vem, se consultou os que já passaram para saber dos percalços. Prudência é o que pede a razão, fazendo o andarilho esperar que ela verifique todas as possibilidades.

O abrigo da razão converte-se em um cárcere. Ela detém o andarilho, pois o encerra no labirinto das ideias e das palavras seguras, dos princípios metodológicos que permitem elaborar conhecimentos verificáveis que culminam em teorias de certezas. A segurança proporcionada pelo mundo das certezas é paga com a impossibilidade da itinerância, pois sob o abrigo das teorias não há mais lugar a que se deva ou que se queira ir: para que se arriscar se há aqui um mundo de certezas imaginadas?

A paz proposta pela previsão da racionalidade é a morte. Abrir mão do *ter* certeza é o passo mais caro a quem se propõe ser andarilho. Porque é sempre possível abrir mão das posses, dos bens, da família, de tudo, se *em troca* a pessoa *tem* uma certeza. Contudo, essa certeza, longe de ser liberdade, é também servidão.

A previsibilidade e o conforto tecnológico como cárcere

A expressão concreta da servidão proposta pela racionalidade se consuma na tecnologia; a artificialidade do mundo técnico se manifesta de tal modo que é impossível ao andarilho caminhar. Não basta imaginar o mundo seguro e previsível pela razão; há que ocorrer, em sequência, um *fazer* que seja provedor desse mundo previsível. É quase inevitável que o mundo das certezas queira encarnar-se como tecnologia. E o que a tecnologia deve prover é o imediatismo e a previsibilidade de suas realizações. Aonde quer que vá, tudo sempre está previsto, tudo é sempre o mesmo, sempre se está seguro. O interruptor de luz sempre estará à direita de quem entra. A sagrada ordem dos pedais dos veículos. A perfeita repetição dos rituais mecânicos e eletrônicos que cercam a vida urbana. A presteza da tecnologia nega o itinerário e, ao fazê-lo, aniquila a itinerância, a característica da subjetividade humana.

Para que a previsão seja acertada e o serviço seja perfeito, é preciso que todas as pessoas sejam iguais, a maior igualdade possível. O sonho da técnica é o fim das ciências humanas, não porque se encontre para elas uma metodologia, mas porque se converte o humano num fenômeno perfeitamente regular e previsível. É o paradoxo da consciência infeliz: antes incapaz de se conhecer, ela agora sabe tudo, possui o mapa detalhado de seus objetos, todos previsíveis, pois se finge conhecer, imaginando-se como esse mapa. Tornou-se o objeto perfeito da ciência e da técnica. Reduzido a objeto, o andarilho está morto.

Impossível a experiência válida, quando dela já sabemos de antemão o resultado. Mesmo que ela aconteça, será mera repetição. Será a mimese inútil da qual se espera o sempre mesmo. Numa situação assim dada, apenas o tédio se apresenta. É essa a condenação a que está sujeita a pessoa no mundo da razão, da ciência e da técnica: ao tédio da previsibilidade e da segurança.

Mais do que um apego à posse deste ou daquele objeto, o *ter* converte-se em processo de contínua objetivação do humano, retido num mundo previsível e ordenado, em que também a felicidade é um objeto.

A situação de liberdade e o mistério de ser

A recusa radical do *ter* implica, assim, em abrir mão da certeza e abraçar a itinerância, a liberdade do não saber.

Contudo, Marcel nos surpreende novamente, ao mover-se do andarilho ao peregrino. A liberdade do andarilho, em si mesma, ainda é um *ter*. Afirmar a liberdade em si como um valor é reduzi-la à posse da liberdade. *Ter liberdade é diferente de ser livre.* Ter liberdade é uma situação que se satisfaz com o andar a esmo, com o vagar por aí, para cá, para lá e para cá novamente. Aos poucos, o andarilho se converte em vagabundo e eis que o vagabundo é também alguém apegado à previsibilidade do seu não fazer, do seu ócio sem propósito, do seu tédio.

A itinerância que primeiro se expressa no andarilho encontra seu termo no peregrino. Ser livre é *escolher uma direção.* A itinerância é apenas um andar mecânico, se não encontra seu complemento na *esperança*. Fundada na completa incerteza, a esperança nunca é uma posse. Ainda que a língua erre e diga que a pessoa *tem esperança*, a esperança é um modo de *ser*, porque ela é a certeza negativa, a certeza do que não se *é*, ainda. O homem peregrino de Marcel é, assim, a pessoa que percorre um caminho para *se transformar*, para *ser*. O sentido da peregrinação é que, em seu término, algo se acrescentou ao *ser* ao longo do caminho: essa é a esperança e a fé do peregrino.

Inevitável, portanto, a crescente aproximação religiosa da filosofia da existência de Marcel. A existência é um peregrinar. Um movimento orientado por um propósito, de tal modo que, a todo momento, há uma comunhão entre movimento e propósito. Não se pode recorrer ao suplemento da tecnologia ou à análise da razão para prever ou amenizar a incerteza desse movimento, porque esse recurso seria uma trapaça, uma inautenticidade, uma traição definitiva ao humano. O propósito se converteria em certeza, a certeza faria da peregrinação um plano, o plano solicitaria o recurso facilitador da técnica, e eis o peregrino aprisionado.

A situação do humano é mais ampla e aberta que o fechamento dos sistemas filosóficos e científicos. Estes, apegados ao desejo de previsibilidade, encerram o humano e não o deixam mover-se. Por outro lado, a pergunta "que é o ser?" abre-se para o movimento, para o incerto, para a ausência de certeza, para o mistério. Por esse motivo, o problema metafísico não é um problema concebível pela lógica, pois é um problema além da lógica, um metaproblema, já que envolve o mistério da origem da pergunta, da origem de todas as perguntas, que é a subjetividade insistente pelas incertezas de quem as faz. Marcel se define como neossocrático, porém, escapa ao senso comum da filosofia a sua leitura de Sócrates. O "só sei que nada sei" socrático é visto mais como o passo da ironia do que como situação pela maioria dos estudiosos da filosofia. Contudo, o olhar de Marcel recai sobre a sinceridade dessa frase. Se nada sei, o ser está envolto em mistério. Não temos respostas.

Há que se perguntar como seria possível abraçar Sócrates e rejeitar Platão, como o faz Marcel. É preciso lembrar que enquanto Platão, pensador, indagava as ideias, Sócrates, peregrino, indagava os homens. Ser socrático é ser fiel ao humano, em detrimento mesmo das ideias, se for preciso. Se tudo o que conhecemos é "em espelho e enigma", melhor contemplar o enigma do que traí-lo ao tentar desvendá-lo pela racionalidade discriminativa.

O sentido do mistério, do segredo, do respeito ao oráculo de Delfos estava presente naquele momento fundante que a filosofia encontrou em Sócrates. Marcel retorna a ele, sob a ordem de conhecer a si mesmo na situação do mistério, sob pena de ora ser dado como incompreensível, ora meloso, ora beato, ora inconsequente. A única coerência de seu pensamento parece ser a imprevisibilidade de seus movimentos e de seus engajamentos. O mistério, antes de ser um enigma epistemológico, é um enigma humano, pois, ao ser posto, suscita a situação com a qual o humano está comprometido e que, ainda assim, preserva algo de externo ao humano. O mistério seria a questão que nos lança no mundo, a que nos chama a *ser*.

O mistério de ser e seu lugar no existencialismo

Considerado precursor de Sartre e do existencialismo francês, Marcel, como os demais existencialistas, sempre teve uma atitude ambígua ante o termo *existencialismo* e sobre o ramo que lhe foi atribuído, de *existencialista cristão*.

Seu lugar original na discussão filosófica da existência se faz notar tanto pela própria posição do problema, desde o *Jornal Metafísico*, como pelo recurso à arte, notadamente o teatro e a literatura, recurso que seria repetido e aprimorado pelos existencialistas franceses. Marcel prefere-se neossocrático à existencialista. Entretanto, num dado momento, aceita a expressão "existencialismo cristão" (1947), para depois recusá-la definitivamente (Ricoeur, 1968). Sua perspectiva humanista não toma Cristo como exemplo, mas Sócrates. Contudo, há também uma perspectiva religiosa em seu pensamento, que o aproxima de Kierkegaard, indicando tratar-se ao menos de um cristão existencialista, se o termo "existencialismo", como Sartre também afirmou, não estivesse tão desgastado. O mesmo Sartre o definiu como existencialista cristão, ao lado de Jaspers (Sartre, 1962), porém, a despeito da boa companhia, Marcel não aceita a divisão do existencialismo ou mesmo o existencialismo como um nome adequado ao seu pensamento. A existência ainda precede a essência, o peregrino precede seu propósito. Só ao fim de seus passos saberemos aonde ele queria chegar. Não se trata da filosofia, trata-se do humano. Daí perfilar-se, mais além da classificação, com os chamados existencialistas, pois todos se entendem, radicalmente, humanistas.

Há que se colocar, porém, a questão desse existencialismo cristão como um humanismo. Herdeiro do protoexistencialismo de Kierkegaard, a questão filosófica se superpõe à religiosa.

Ora, em todo encontro entre filosofia e religião, a questão que se propõe é a da revelação. Se há algo que nos motiva a ir além da razão, a pensar a transcendência como um tema de *fé* a ponto de provocar a proposição religiosa, é preciso também admitir que esse tema de fé se apresenta, de algum modo, à consciência. Por isso, o tema da fé é sempre acompanhado do tema da revelação ou, ao menos, da contemplação. Em ambos os casos, a convergência entre filosofia e religião implica, de algum modo, encontrar o lugar filosófico do mistério.

A questão cristã, pelo prisma filosófico, deveria ser posta nos seguintes termos: Em que o mistério de Cristo se assemelha ao mistério do *ser*? Para enfrentá-la nesses termos, pouco nos auxilia o dogma cristão e, mesmo, a revelação, pois o dogma e o conteúdo da revelação são legitimados, originariamente, pelo percurso de vida de Cristo. E o que se encontra no exame desse percurso é um Cristo peregrino, modelo do andarilho com um propósito, cujo termo último é sempre o humano. É o que toca Kierkegaard e o que toca Marcel. Enquanto os outros existencialismos se ocupam de Deus como arcano maior do idealismo a ser combatido, os cristãos existencialistas começam a encontrar o homem em Cristo. A heresia desses existencialistas é prescindir – tácita ou explicitamente – da divindade do Nazareno e olhá-lo como profunda humanidade. Nesse sentido, há neles ainda a atitude ateia, não como ânsia de provar que não exista Deus, mas numa espécie de silêncio contemplativo em que Deus não importa, importa o homem, ainda quando se trata de Cristo.

Para Marcel, trata-se do homem que faz seu percurso e espera os demais. A atitude paradigmática do amor. Torna-se assim o mestre da intersubjetividade, que se expressa como ágape e fraternidade. O caminhar não se faz, de modo algum, na solidão. A peregrinação, ainda que solitária, é uma espera também pelos outros.

Há aqui uma convergência inesperada com o Sartre de "o existencialismo é um humanismo". Parece ser nota comum entre os existencialistas o esforço de negar que sejam pessimistas ou niilistas. Sartre não foi exceção. Para ele, o existencialismo trazia por consequência a responsabilidade por si mesmo e pelos outros. Mesmo a sentença "o inferno é outro" é dita nesse sentido: o covarde que não se responsabiliza sequer por si mesmo encontra na presença do outro o seu inferno. Assim é em *Entre quatro paredes*. Se a responsabilidade existencial se identifica com o amor cristão, se ambos são antimetafísicos o suficiente para criticar o Deus metafísico e as construções sistemáticas em torno dele, em que momento se dá a diferença?

O ateísmo sartreano, mais que uma prova da não existência de Deus, é uma atitude diante da motivação do existir: Deus não faz diferença. Existir é uma tarefa própria e exclusiva do humano, a liberdade funda a subjetividade e, uma vez livre, Deus não importa mais à pessoa. Nada mais acrescenta, pois é o homem que existe, que faz seu percurso. Nada há que se fazer com a fé.

A aproximação entre o ser cristão e a filosofia da existência em Marcel toma o problema por outro enfoque: a contemplação e a esperança são atitudes religiosas. O mistério de ser exige o recurso a essas atitudes. O sentido da fé é mais histórico e menos metafísico. A fé vem do exemplo dos peregrinos que tiveram esperança. Por isso se diz a fé de Abraão e assim se dirá a fé e, mais precisamente, a esperança de Cristo. O ser se revela na peregrinação, é assim que se abre o mistério aos nossos olhos.

Ante o nada que se apresenta à pergunta "que é o ser?", Marcel vê o mistério e Sartre vê o abismo. Ambos evocam o estado de suspensão previsto por Heidegger ante a pergunta metafísica. No cerne de quem enuncia a questão, permanece a angústia. Não se trata da verdade do existencialismo, trata-se da experiência existencial.

Quanto à sua posição em relação a Heidegger, em entrevista a Ricoeur, Marcel afirma: "Heidegger é um grego!". Em seguida, Ricoeur faz uma observação sutil: as diferenças entre Heidegger e Marcel não são tão extensas, pois se trata de uma única diferença, relativa ao jogo de metáforas a que cada um recorre. Se, de um lado,

Heidegger se vale das metáforas gregas, Marcel recorre às metáforas bíblicas (Ricoeur, 1968, p. 92).

As notáveis diferenças entre as considerações da filosofia clássica grega, reiteradamente voltada a uma indagação sobre um sujeito individual e à busca de sua alma por meio de um exercício racional-contemplativo, e as da sabedoria bíblica judaica, que se vê como jornada histórica em que um sujeito coletivo – e peregrino – se move-se sobre a terra, fundado na aliança – e na esperança – em Deus, essas diferenças encontram no cristianismo um esboço de síntese e paradoxo. Se há o aspecto pessoal, pois o peregrino anda por suas próprias pernas, sua esperança é alimentada pelos companheiros de caminho, a romaria e, enfim, o povo. Sua identidade não pode se resolver numa identidade coletiva de povo, como na visão bíblica do Antigo Testamento, pois havia uma decisão pessoal a tomar, a respeito de ser responsável por si mesmo. É o problema do primeiro passo, do juntar-se aos demais, como Kierkegaard examinou: o momento de suspense e desespero vivido por Abraão.

O estado de suspensão que se dá até que se escolha novamente a esperança não é, de modo algum, coletivo. É o momento do *ser*. Como se diz na mística: a noite escura da alma. No dizer dos gregos: a contemplação do caos e sua indeterminação, o que nos deve motivar à busca do cosmos e da harmonia, pela indagação filosófica. Tanto pelas metáforas gregas como pelas bíblicas, chegamos à virtude a ser praticada pelo peregrino, como prática da esperança: a fidelidade.

A fidelidade socrática consistia em conhecer a verdade para colocá-la em prática. A defesa de Sócrates consuma-se em não fugir da morte, mesmo que ela surja por um ato bastante covarde de outrem. Fidelidade semelhante se encontra em Abraão, em sua questão com Isaac, e finalmente em Cristo, que ante a morte não clama pela justiça, mas pela esperança de ainda levar o companheiro de morte consigo.

Enquanto a razão tem a expectativa de que o percurso da vida faça sentido, e antevê em cada passo o sentido possível, frustrando-se quando o mesmo não se manifesta, a fidelidade faz que se passe adiante no caminho, mesmo quando o que se encontra no percurso é o absurdo. Esperar contra toda esperança significa não contar com o sentido previsto pela razão e prosseguir, a despeito do que o sentido da razão considera *adverso*.

Temos assim, em Marcel, também a possibilidade de uma filosofia do absurdo, como consequência do princípio de que a existência precede a essência. Enquanto as demais formas de filosofia religiosa, também as cristãs se escandalizam com a afirmação do absurdo; enquanto o irracionalismo religioso se abraça ao absurdo como uma espécie de certeza da fé, a filosofia da existência de Marcel encontra no absurdo um ponto de sanidade e equilíbrio.

Nem a paranoia do mundo imaginado da razão, nem o autoengano da posse da verdade de que "tudo é absurdo e devo crer no que é absurdo". Os paradoxos do absurdo que se encontram na jornada do peregrino apenas o advertem a não se apegar à razão. A imprevisibilidade é a situação do peregrino. Ela se confirma na manifestação do absurdo. O autoengano de crer no que é absurdo ou de crer porque há o absurdo é negar a possibilidade de uma *escolha* em caminhar, é reduzir o humano a objeto do absurdo. O humano transcende a razão e o absurdo. Defronta-se com o sentido e com a ausência dele, fiel ao seu caminho de viver e se revelar na vida, como mistério de ser.

Esse equilíbrio entre razão e absurdo se distancia da virtude como meio-termo, proposta por Aristóteles e entendida pelos estoicos como imperturbabilidade. O peregrino de Marcel não é praticante da ataraxia estoica. A imperturbabilidade ainda é um refúgio na essência. Ante o imprevisto, buscar um abrigo dentro de si mesmo e refugiar-se numa atitude filosófica.

A esperança é uma disponibilidade que se desdobra em esperar pelos outros e esperar pela vida. O recolhimento interior do peregrino não é o quietismo criticado por Sartre, nem a imperturbabilidade: ele é o silêncio necessário a *ouvir* a revelação do mistério de *ser* em cada passo de jornada. Para isso, é preciso olhar a paisagem, tropeçar nas pedras e sentir essa dor, ver quem necessita de apoio ao lado, ou seja, *viver o caminho*. O silêncio e o recolhimento não são, assim, os fins últimos da existência, mas meios para o peregrino manter sua atenção em si mesmo enquanto caminha, ou seja, uma parte da prática da fidelidade.

A fidelidade ao humano é, em Marcel, a marca de sua filosofia da existência, tal como já era em Sócrates. Também o neossocratismo finda por ser um humanismo.

REFERÊNCIAS

MARCEL, Gabriel. *Du refus a l'invocation*. Paris: Gallimard, 1940.

_____. *Homo viator: prolegomenes a une metaphysique de l'esperance*. Paris: Aubier-Montaigne, 1963.

_____. *L'homme problematique*. Paris: Aubier-Montaigne, 1968.

MARCEL, Gabriel et al. *Existencialisme chrétien*. Paris: Plon, 1947.

RICOEUR, P. *Entretiens – Paul Ricoeur et Gabriel Marcel*. Paris: Aubier-Montaigne, 1968.

SARTRE, Jean Paul. *O existencialismo é um humanismo*. Porto: Presença, 1962.

O Inautêntico e a Noção do "Nós em Heidegger e Sartre"

Arlindo F. Gonçalves Jr.*

Introdução

O que caracteriza uma ação humana autêntica – num sentido moral – está no fato de ela prescindir de convencionalismos ou de heteronomias como guias imperativos. Em última análise é um agir fundamentalmente livre e, nesse sentido, comprometido com um projeto humano que inclui suas circunstâncias – *facticidades*, bem como sua *responsabilidade* de fazer-se, mediante a coexistência.

A inautenticidade, por outro lado, converte o homem em algo diluído e sem face – estrangeiro a si –, denominado aqui de *impessoal*. O que surge desta situação é o projeto humano naufragado na dimensão definida pelo *nós*. O *nós*, então, submete o homem à coletividade. O habitual, o costumeiro, dá-se impedindo o diálogo e massificando o homem-sujeito. Dessa inautenticida-

---
* Faculdade de Filosofia PUC – Campinas.

de teremos o surgimento do *homem-massa*, produto daquilo que chamaremos de *publicidade*.

Nosso exame terá seu lastro em uma concepção de homem como *prospecção* e, portanto, sem uma natureza constitutiva, sem algum *a priori* que o oriente, e forçado a executar suas decisões. Um dos vetores concretos que objetivam essas decisões e que constitui uma necessidade da condição de *ser-com*, são as relações de alteridade. Pode-se dizer que esse é um aspecto fundamental que impulsiona o homem a se definir precisamente *na* relação com o outro. Neste sentido, buscaremos fazer um esboço das noções de liberdade e alteridade segundo o pensamento existencial, com o escopo de definir os fundamentos das ações autênticas e inautênticas; depois, apresentaremos as contribuições de Heidegger e Sartre para a compreensão do paradigma da impessoalidade.

A liberdade e a alteridade no pensamento existencial

Conceito fundamental no existencialismo, embora fundamentalmente sistematizado por Sartre, a liberdade se insere numa perspectiva criadora e indeterminada da condição humana. Faz parte da constituição do ser como atributo necessário e gerador. Considerada sempre como *minha liberdade pessoal*, diz respeito à vida concreta e ao projeto individual.

Contra as posições deterministas (biológicas, psíquicas, históricas, sociais etc.), Sartre recoloca o humano à frente das suas decisões, construindo assim uma moral definitivamente laica. Comprometido plenamente com o seu projeto, o homem está lançado no mundo das possibilidades sem indicativos *a priori* que o conduzam no existir. Segundo Etcheverry (1964, p. 84), "sob os passos do homem, nenhuma via está previamente traçada. Compete-lhe descobrir de livre vontade os seus próprios fins". Esse autor aponta em seguida a decisão espontânea como "uma possibilidade indeterminada que se situa não atrás, nem acima, nem à frente de mim, mas unicamente em mim". Nesse sentido é que Sartre (1987) define o próprio homem como liberdade.

O motivo legítimo e verdadeiro que impulsiona e determina a atitude humana é uma opção original absolutamente livre. Como nota Olson (1970, p. 141): "A única causa genuína do comportamento humano é o projeto fundamental de ser do indivíduo. E esse projeto é uma *opção*, não um *estado*". Esse projeto fundamental denota a singularidade do humano que se apossa do *criar a si*.

A consciência responsável pela escolha de um projeto fundamental não se confunde com a consciência reflexiva ou deliberativa. Sendo aquela anterior, pode-se denominá-la de consciência *pré-reflexiva* ou *não reflexiva*, a fonte de toda deliberação voluntária que só surgirá à luz da opção original.

Olson (1970, p.143-145) destaca três argumentos indicando que, para Sartre, a conduta do indivíduo é totalmente decorrente de uma escolha livre e pré-reflexiva: o sentimento duplo da angústia e da responsabilidade que se manifestam na superfície da consciência; as conversões radicais que redirecionam meu projeto original e que não comportam *explicações*; o fato de haver um valor ou desejo que guie o processo de deliberação. Neste sentido, os motivos do existir humano naquilo que se refere às suas decisões estão subordinados a um desígnio primeiro do próprio ser individual como totalidade.

O homem, para o existencialismo, é forçosamente obrigado a escolhas, e nessa condição é tragicamente entregue àquilo que será o grande paradoxo: por um lado, a liberdade nos traz o peso e a ameaça da fatalidade (juntamente com o sentimento de angústia e de responsabilidade) e, por outro, o impulso criador e autônomo. Segundo Etcheverry:

> Para o homem, existir é escolher-se; nisso consiste a liberdade, sob a condição, todavia, de evitar comprometer-se e alienar-se nesta escolha, renunciando a ultrapassá-la. O compromisso deve ser livre, mas nunca definitivo. [...] A esta liberdade absoluta é impossível eximirmo-nos porque pertence à estrutura humana; de resto, recusar-se a optar, é ainda optar (1964, p. 84).

Contrapondo-se a essa liberdade absoluta e submetendo-a, estão as chamadas *facticidades*. Nelas, Sartre identifica a contingência a que a liberdade humana é subjugada. Como diz Etcheverry: "Embora transcenda o universo pela liberdade, o homem é, contudo, de certo modo, um objeto entre outros. O ser por si é incessantemente contaminado pelo ser em si, a liberdade submerge-se na facticidade" (1964, p. 95). As facticidades, ou seja, aqueles dados que não podem ser prescindidos pela consciência, posto ser aí a realização do existir, manifestam-se nas chamadas *situações*. Estas condicionam a liberdade, seja pelas circunstâncias do meio, pela hereditariedade, no sentimento do passado comprometendo o futuro, seja pelo próprio corpo ou pela morte. Porém estas situações são absorvidas pelo homem. O autor conclui que "a própria situação não existe senão pela liberdade. Cada um escolhe-se em situação, porque confere livremente às coisas um significado pessoal, sem o qual se reduziria ao estado amorfo de um existente bruto" (1964, p. 86).

Concluímos que a liberdade no contexto existencial está radicada na noção de relação com o ser e com a transcendência. Desprovida da necessidade de significações substanciais e abstratas, nem a razão objetiva, nem a razão subjetiva podem ser por si próprias fundamentos possíveis da liberdade. O homem lançado no mundo – o *ser-aí* – é plenamente responsável pela apropriação das *situações*. Por ser indeterminada, ser o lastro das escolhas e comprometer-se com as facticidades, a liberdade define a própria natureza humana.

Como destacado anteriormente, a concepção existencial atenta para as relações entre o homem e o mundo, tornando-as fundamento para a condição de sua existência. Dentre essas relações abordaremos aquela que, no nosso entender, prevalece como a mais significativa: o mundo inter-humano.

O pressuposto é que a existência humana traz radicada em si a simultaneidade com outrem. Ou seja, por existência entende-se um estar no mundo com o outro – é dirigir-se e ser tocado por ele.

Os existencialistas concordam com a postura freudiana frente às relações interpessoais nas quais a hostilidade é inevitável. Porém a abordagem de tal *desarmonia* é feita sob uma nova perspectiva, superando as aporias em que a psicanálise coloca o homem. É precisamente na noção de individualismo, em oposição ao impessoal, que a filosofia da existência elabora seus argumentos que compõem o quadro das relações assim chamadas *autênticas*.

Para Olson (1970, p. 191-193) a individualidade "não consiste comumente em viver sozinho ou isolar-se dos demais. O individualista deve definir-se pela maneira como se relaciona com os outros". Ou seja, no exercício de existir, o homem tem de garantir a sua individualidade pessoal coabitando num mundo entre outras individualidades. Neste sentido, sugere também que "não há absolutamente nenhuma razão lógica para se admitir a impossibilidade de alguém reter sua individualidade no sentido de não permitir que os outros ditem suas opções, ao mesmo tempo em que mantém contatos físicos e espirituais válidos com outros". No primado do individual sobre o impessoal conclui, por sua vez, Bollnow:

só mediante uma fuga consciente, praticada perante esse tipo de existir [impessoal], é que pode atingir-se a autenticidade. A "existência" está sempre, portanto, necessariamente destacando-se do plano da vida da comunidade. [...] A conquista da verdadeira "existência" só pode dar-se na solicitude da alma individual (1946, p. 67).

A impessoalidade expressa aqui o sentido da inautenticidade. Nela dilui-se o homem na *publicidade* da maioria, torna-se o "homem-massa" situado, segundo Heidegger, no universo do "se" (*das Man*), bem como o faz Jaspers na expressão "nós todos" (*wir alie*). Deste modo, o eu como identidade mistura-se e esgota-se no ser social. Bollnow sintetiza da seguinte maneira: "Na coletividade anônima desta total impessoalidade absorve-se e morre toda a particularidade individual; tudo resulta uniforme sob a ação deste poder invisível e irresistível. O homem deixa de ser ele próprio para nele viver apenas esse 'se'" (1946, p. 70).

A singularidade do indivíduo não pode, por sua vez, ser confundida com um *solipsismo*. Sartre já anunciava que nosso ser-para-outrem é tão fundamental como o nosso ser-para-nós; ambos têm igual *dignidade*. Não há possibilidade de renúncia a este outro que nos interpela. O reconhecimento desta tensão ambivalente entre a especificidade do eu e o *apelo* do outro designa um comprometimento autêntico do existir. Olson (1970, p. 194-195) destaca três grupos que se orientam pela eliminação do conflito daquela ambivalência por meio da fusão com o outro:

> a) O primeiro constitui-se daqueles que desejam fundir suas individualidades em uma só: os humanistas e nacionalistas extremos, e os místicos religiosos que almejam a identificação com Deus.

b) O segundo grupo é representado de modo apropriado pelo conformismo norte-americano, que foge à responsabilidade quanto à opção individual, em nome de um "público geral" ou impessoal. Contra isso, os existencialistas argumentam que o indivíduo não pode suprimir a responsabilidade individual, posto ter sido ele próprio quem escolheu tal empreendimento.

c) O terceiro e último grupo está exemplificado no modelo do *social engineer*, o planificador estatal, o técnico em propaganda e o cientista do comportamento. O contra-argumento existencialista evidencia que a consciência livre do outro não pode ser totalmente subtraída.

Há uma determinação do outro para o surgimento do eu. Somente por meio do desvelamento do outro – e isto se dá exclusivamente no existir – posso experienciar a consciência do eu. Este *eu* é constituído pelo olhar do outro e, a partir de então, "para o outro, e consequentemente para mim, não sou mais apenas um ponto de vista sobre mim. Estou agora consciente de mim como espectador do mundo diante do outro" (Olson, 1970, p. 200).

Sendo assim, uma questão se faz presente: se o outro exerce um papel constitutivo do meu ser, como posso simultaneamente não ser o outro? Pois que meu ser-para-mim é constituído por meu ser-para-outrem e, neste sentido, eu sou aquilo que o outro faz de mim. Olson responde da seguinte maneira, à luz de uma *terminologia sartreana:* "Assim como eu sou meu passado, mas não sou meu passado porque minha liberdade me projeta constantemente no futuro, assim também eu sou o que os outros fizeram de mim, mas não sou o que os outros fizeram de mim porque devo sempre transcender meu ser-para-outrem" (1970, p. 203).

Nota-se, portanto, o lugar privilegiado em que o pensamento existencial coloca o *outro*. Este é um ponto de similaridade com as chamadas filosofias da vida (vitalistas) que, ao seu modo, atribuem dignidade à relação com o *outro*. Porém, o existencialismo se destaca na sua valorização da individualidade. A solidão humana, e com ela o sentimento de angústia e de responsabilidade, recebe um tratamento que denota a originalidade do pensamento existencial, fazendo desta solidão um momento de escolha fundamental, a saber, quando o homem é impelido a escolher *a si de forma autêntica*.

Heidegger e Sartre: contribuições para a compreensão da inautenticidade

A expressão "autenticidade" na filosofia existencial denota o modo de ser do homem que se funda numa consciência autônoma. Em um sentido amplo, segundo Olson "a vida autêntica é a que se baseia numa apreciação exata da condição humana" (1970, p. 157). Já Zilles parte da compreensão da existência como possibilidade à alternativa entre o modo de ser autêntico e o inautêntico: "A existência autêntica é a de quem reconhece e escolhe a possibilidade mais própria do seu ser" (1988, p. 17). A inautenticidade, por outro lado, é uma existência cotidiana que, segundo o mesmo autor, estaria distante das responsabilidades pessoais levada pela mediocridade das massas.

Heidegger foi quem introduziu este termo, posteriormente retomado por Sartre, e comportando significados diferentes para ambos. As teorias da autenticidade e inautenticidade foram por eles formuladas à luz de temas que expressam semelhanças e diferenças que se dão nas suas concepções da condição humana. Como mostra Olson (1970, p. 157-158) são três os grandes temas:

1) O primeiro refere-se à desigualdade entre o humano e o não humano. O termo "existência" fica restrito apenas ao homem. O centro dessa disparidade é a própria consciência, o que é aceito por ambos. Discordam apenas quanto às categorias básicas da existência humana. Heidegger as denomina de *existentialia*, que são precisamente: sentimento ou afetividade, entendimento e linguagem.

2) O segundo traz a ideia de que o homem está diretamente presente no mundo. Esse tema é aceito por ambos e Heidegger o designa como *Dasein* (ser-aí).

3) Em terceiro lugar há a distinção entre o estar-no-mundo e o estar-no-meio-do-mundo-do-homem; com estes são respectivamente categorizadas a dimensão ontológica e a dimensão ôntica do ser.

Sendo assim, resume Olson, "tanto para Sartre como para Heidegger, [...] o homem autêntico é o que reconhece a dualidade radical entre o humano e o não humano, que reconhece que o homem deve viver no mundo e que também reconhece que estar-no-mundo não implica estar-no-meio-do-mundo" (1970, p. 158). Com base nessas premissas, vejamos como são apresentadas as teorias sobre a autenticidade e a inautenticidade em cada um deles.

Na teoria heideggeriana da inautenticidade, o estar-no-meio-do--mundo é denominado "estado de queda "ou decadência. Corresponde, segundo Carneiro Leão, "à expressão alemã *Verfafallen*, inclusive nas conotações morais e desabonadoras que *Ser e Tempo* exclui. Trata-se de um termo que remete à estrutura ontológico--existencial, que é apresença (ser-aí), e não a uma qualidade ou modalidade" (Heidegger, 1995, p. 324). Podemos entender como sinônimas as expressões: decadência e inautenticidade. O estado de inautenticidade tem dois polos: um subjetivo e outro objetivo. O polo subjetivo é o que Heidegger chama de *das Man*. Seu correspondente em português equivale à expressão "a gente", como assinala a nota explicativa de Carneiro Leão: "*Man* exprime uma impessoalidade diferenciada, pois diz que ocorreu uma despersonalização de pessoas" (1995, p. 319). O polo objetivo dessa decadência é o mundo artificial construído pelo homem, o mundo transformado pela tecnologia humana. Pode-se dizer que é também o mundo público ou o mundo que grupos de seres humanos compartilham.

Heidegger parte do pressuposto que a existência – modo de ser do *Dasein* – é um poder-ser, o que implica em projeto e transcendência. A realidade do ser-aí, *Dasein*, dispõe-se em dois planos: ôntico e ontológico. O primeiro entende-se pela queda do homem ao nível das coisas do mundo. Compreende o chamado plano *existenciário*, ou seja, o que pode ser conhecido de imediato. Já o segundo – ontológico – compreende o plano chamado existencial, que remete às estruturas que compõem o ser do homem, a partir da existência em seus desdobramentos advindos da presença (*Dasein*).

Como ser-no-mundo, o existir humano refere-se às inúmeras maneiras que lhe possibilitam viver, seja relacionando-se com entes não humanos, seja com outros homens. Como categoria ontológica, o *Dasein* origina e fundamenta o ser-com. Este é o atributo que designa a relação junto ao outro, necessária para sua realização, que, em última análise, corresponderá à vida social. Existem, porém, maneiras desse relacionar-se – modos básicos do viver com os outros. Dentre esses está o que Heidegger denomina de *das Man*, "a gente".

O *das Man*, como já mencionado, é caracterizado pelo anonimato em que o indivíduo se dispersa na coletividade e se aliena no impessoal – nas exigências públicas. É, porém, considerado no modelo heideggeriano num plano ontológico, uma vez que possibilita a vida comunitária. Conforme Spanoudis, "a gente" "é a maneira fundamental de viver com os outros que possibilita tanto viver em comunidade, onde cada um compartilha numa maneira própria e autêntica, como o viver dissolvido e diluído na massificação, absorvido no coletivismo, tornando-se uma peça, um objeto manipulável" (1981, p. 21). Esse é tema examinado por Heidegger no capítulo de *Ser e Tempo* intitulado "O cotidiano ser-si-mesmo e 'a gente'".

Ao relacionar-se, ocupar-se com os outros, seja qual for o desígnio, está presente um aspecto fundamental que é a diferença, o intervalo. O ser-aí, mesmo na aproximação, é impelido radicalmente a estabelecer esse intervalo sem perturbar os limites do ser próprio de cada um. Heidegger denomina esse aspecto do ser-com-outros de *Abständigkeit* – afastamento, espaçamento – e conclui que "quanto mais este modo de ser não causar surpresa para a própria presença (ser-aí) cotidiana, mais persistente e originária será sua ação e influência" (1995, p. 178), o que significa que é o modo de ser cotidiano do ser-aí mais vigente.

O ser-aí encontra-se no cotidiano, segundo as determinações anteriores, em submissão ou sob tutela dos outros. Seu ser próprio é apossado, suscitado pelo outro. Esse outro do arrebatamento na convivência é, por sua vez, indefinido. De acordo com Heidegger, "os outros não são determinados. [...]. O decisivo é apenas o domínio dos outros que, sem surpresa, é assumido sem que a presença (ser-aí) disso se dê conta. O impessoal pertence aos outros e consolida seu poder" (1995, p. 179). Ou seja, a face desse outro está sempre encoberta, como o próprio autor conclui: "O quem não é este ou aquele, nem o próprio do impessoal, nem alguns e muito menos a soma de todos. O quem é o neutro, o impessoal ('a gente')" (1995, p. 179).

O ser-com-outros é o "a gente", embora indefinido, da pulverização e absorção do ser-aí (na convivência), e também do próprio outro concreto e singular. Fazemos parte das multidões que se aniquilam no conviver, mantendo-se na impessoalidade. Heidegger caracteriza da seguinte maneira esse modo de conviver: "[Este] dissolve inteiramente a própria presença (ser-aí) no modo de ser dos outros e isso de tal maneira que os outros desaparecem ainda mais em sua possibilidade de constatação. [...] O impessoal (a gente), que não é nada determinado, mas todos são, embora não como soma, prescreve o modo de ser da cotidianidade" (1995, p. 179).

Existem modos particulares, características básicas de ser que compõem este "a gente": espaçamento (afastamento), medianidade, nivelamento, desencargo de ser, publicidade e consistência.

A medianidade, fundada no espaçamento, representa um caráter essencial do "a gente". Inscreve-se nela a publicidade que no homem o torna abertamente exposto e conhecido, retirando o aspecto de primazia, originalidade e excepcionalidade do ser-aí. Por conseguinte, surge dessa tendência outro modo de ser do "a gente", que visa a uniformidade das suas possibilidades, chamada de nivelamento. Estas características do "a gente" constituem a *die Offtenlichkeit*, massificação e mediocridade ou a publicidade. Esta é responsável pelo controle de como o ser-aí e o mundo serão interpretados.

Pelo desencargo de ser, o "a gente" exime, desobriga o ser-aí de qualquer responsabilidade. Ao assumir para si todo julgamento e decisão, o "a gente" priva o ser-aí na cotidianidade de assumir seu ser próprio pelo fato de que pode responsabilizar-se por tudo, como mostra Heidegger:

> Na cotidianidade da presença (ser-aí), a maioria das coisas é feita por alguém de quem se deve dizer que não é ninguém. [...] O impessoal (a gente) tira o encargo de cada presença (ser-aí) em sua cotidianidade. [...] Todo mundo é outro e ninguém

é si próprio. O impessoal (a gente) que responde à pergunta quem da presença (ser-aí) já se entregou na convivência de um com o outro (1995, p. 181).

Segundo a abordagem sartreana, o motivo verdadeiro que impulsiona e determina a atitude humana é uma opção original absolutamente livre. Este *projeto* fundamental denota a singularidade do humano que se apossa da *criação de si*. Opondo-se à noção de gratuidade gideana, esta opção fundamental expressa a totalidade de seu impulso em direção ao ser. A consciência responsável pela escolha de um projeto fundamental não se confunde com a consciência reflexiva. Sendo aquela anterior, pode-se denominá-la de consciência *pré-reflexiva*. É a fonte de toda deliberação que só surgirá à luz da opção original. Ao falsear essa atitude radicada como consciência (de) si, estamos agindo de má-fé e inautenticamente. Em *O ser e o nada*, encontramos argumentos descritivos que associam os conceitos de má-fé e de inautenticidade à opção de corrupção da pessoa em relação a si própria.

A má-fé inclui-se como uma das categorias específicas de atitudes negativas que o homem toma em relação a si. Ao nos aproximar de uma definição, tenderemos inicialmente a discriminá-la do conceito usual de mentira para considerá-la uma *mentira a si próprio*. O ato de mentir, em essência, compreende uma dupla negação consciente: "Afirma-se em si a verdade, negando-se em suas palavras e negando para si mesmo esta negação" (Sartre, 1976, p. 93), e por sua disposição intencional refere-se a uma condição transcendente de objetos fora da consciência. O pressuposto para sua realização é a existência do outro em suas dimensões estruturais de relação que permite, pela abertura à interlocução, ser depositário desta realidade ocultada e deliberada a que está submetido.

Mas se na dimensão da mentira o lastro é a coexistência, na condição do ser-com (*mit sein*) já não é o mesmo ocorrido na má-fé, uma vez que não há a dualidade enganador/enganado, mas antes, e somente, uma única consciência afetada por si mesma. Nesta sua essência unitária, a má-fé traz em si um projeto pré-reflexivo da consciência (de) si, e neste sentido, percebe-se tenuamente que há uma verdade conhecida e suprimida por uma intenção em mim mesmo. Porém, se ao mentir para mim parto de um fundo consciente, poderia evidenciá-lo como corrupção voluntária da boa-fé, o que não ocorre, já que

[...] se tento, deliberada e cinicamente, mentir para mim mesmo, fracasso completamente: a mentira retrocede e desmorona ante o olhar; fica arruinada, por trás, pela própria consciência de mentir para mim, que se constitui implacavelmente mais aquém de meu projeto como sua condição mesmo. Trata-se de um fenômeno evanescente que só existe na e por sua própria distinção (Sartre, 1976, p. 95).

Apesar desta fragilidade de apreensão – o que pertence à sua condição mesma – a má-fé pertence a um gênero fecundo, que pode convir até como modo *normal* de vida.

Uma outra abordagem na tentativa de compreendê-la é a perspectiva psicanalítica, na qual se encontra à luz de uma dinâmica instintiva entre id e ego. A psicanálise "substitui a noção de má-fé pela ideia de uma mentira sem mentirosos" (Sartre, 1976, p. 97), porque o sujeito da mentira está fora da consciência: é um outro que atua como impulso originado no id. Essa concepção reduz o ego aos fenômenos psíquicos, ou seja, ao universo do *enganado* como única verdade, e o id o outro alheio, determinante e impenetrável pela via autônoma. Logo, a má-fé estaria restringida topograficamente ao inconsciente. Estabelecê-la dissociada do sujeito é insustentável, como assinala Sartre: "Não se pode mais recorrer ao inconsciente para explicar a má-fé: ela está aí, em plena consciência, com suas contradições todas" (1976, p. 98). Exemplo disso é o que pode ser desvelado no próprio ato psíquico da *censura*, que tem capacidade de discernir impulsos reprimíveis: é consciência (de) si como tendência a reprimir, mas "*para no ser conscincia disso*" (Sartre, 1976, p. 98). O que significa dizer que a censura é de má-fé e contém o ingrediente consciente – consciência (de) si – seu reconhecimento e o esforço em negá-lo.

Numa análise estrutural, é possível estabelecer com mais clareza as condições em que se dá a má-fé, sobretudo pelo exame dos binômios da realidade humana que a sustentam: transcendência/facticidade; ser-para-si/ser-para-outro. No primeiro caso, temos a formulação da ambiguidade que encerra a má-fé em se fazer ao mesmo tempo transcendência e imanência. Essa duplicidade pode ser notada por meio de contradições implícitas de condutas que indicam uma possível realização além do que está a se afirmar. Como exemplo, Sartre destaca algumas célebres frases, entre elas: "O amor é bem mais que amor"; "Sou grande demais para mim"; "Ele se tornou o que era" (1976, p. 13). Já no segundo caso, a duplicidade se refere à conduta própria como aparência *versus* a perspectiva do outro sobre essa realidade verdadeira que suponho: "A idêntica dignidade de ser que meu ser tem para o outro e para mim permite uma síntese perpetuamente desagregadora e um perpétuo jogo de evasão entre para-si e para-outro" (1976, p. 14).

O intento dessas desagregações recai na busca de extração de um princípio de identidade que possa estabelecer uma contrapartida ao processo de evanescência, oposto à má-fé. O protótipo desse princípio sintético é o conceito de sinceridade como intento constante de adequação, exploração e realização do que se é. Mas o que significa esta realização em consonância com o ser? Grosso modo, as possibilidades que escolhemos nada mais são que representações e, portanto, distanciadas do ser tomadas pelo dever-ser, como assinala Sartre: "Não há medida comum entre o ser da condição e o meu. A condição é uma *representação* para os outros e para mim, o que significa que só posso sê-la em *representação*. Porém, precisamente, se represento já não o sou: acho-me separado da condição tal como o objeto do sujeito – separado *por nada*, mas um nada que dela me isola, me impede de sê-la, me permite apenas *julgar sê-la*, ou seja, imaginar que a sou" (Sartre, 1976, p. 107). Nesse sentido não se pode ser à maneira do ser-em-si, sem a corrupção do que sou.

Manifestações com maior propriedade de unidade intencional, que revelariam a forma de ser o que se é, estariam presentes, por exemplo, em aspectos emocionais como a tristeza. Estar triste significa um modo repleto de ser, quase inseparável da própria consciência do estar triste sem, contudo, se identificar com a consciência. Logo, o ideal de sinceridade é irrealizável, por mais próximo e envolvido que se mostre. Sinceridade e má-fé, deste modo, possuem os mesmos objetivos, "uma vez que o homem sincero se faz o que é *para não sê-lo*" (Sartre, 1976, p. 112).

Se, como vimos, por meio das desagregações na realidade humana compreende-se a dinâmica da má-fé, cabe examinar outra consequência desta duplicidade: a inautenticidade. Existem três formas de inautenticidade para Sartre: a primeira é resultado do não reconhecimento da dualidade entre nosso ser-para-nós e nosso ser-para-outro; a segunda refere-se à relação entre nosso estar-no-mundo e nosso estar-no-meio-do-mundo, e a terceira decorre do não reconhecimento de nossa ambiguidade como ser-para-si.

Abordaremos um aspecto particular da primeira forma de inautenticidade, que é a experiência do *nós*. Tomando por base a realidade humana como para-si e para-outro, Sartre faz um exame fenomenológico do *encontro*. Esse encontro concreto, momento de desvelamento do outro, surge numa experiência concomitante do eu como sujeito e objeto. A consciência que me interpela, o para-si alheio que me recoloca em aderência com meu próprio em-si, faz-me também outro. Isto se dá num contato intersubjetivo. O ser-para-outro será o lastro para a emergência deste ser-com-outro *(mit sein)* no qual ocorrerá a experiência real do *nós*.

O *nós*, na perspectiva sartreana, não é apresentado como estrutura original, ontológica. Esgota-se como consciência particular, sendo precedido e fundamentado pelo para-outro. Sendo assim, Sartre vai contra a concepção heideggeriana do *mit sein*, mas não põe em suspenso a realidade do *nós*: "Só faremos notar aqui que nunca nos ocorreu pôr em dúvida a *experiência* do nós. Temo-nos limitado a mostrar que essa experiência não podia ser o fundamento de nossa consciência do próximo" (1976, p. 513). Esta recusa ao sentido original e irredutível de tal experiência é baseada no pressuposto que se segue:

> Está claro, com efeito, que não pode constituir uma estrutura ontológica da realidade humana: temos provado que a existência do para-si em meio aos outros era em sua origem um fato metafísico e contingente. [...] Ademais, está claro também que o *nós* não é uma consciência intersubjetiva, nem um novo ser que transcenda suas partes como um todo sintético. [...] O *nós* é experimentado por uma consciência particular. [...] O *nós* é uma experiência particular que se produz, em casos especiais, sobre o fundamento do ser-para-outro em geral (Sartre, 1976, p. 513).

Essa experiência particular do *nós*, segundo Sartre, ocorre de duas maneiras fundamentalmente opostas entre si: o nós-objeto e o nós-sujeito. Relacionadas à questão do olhar, pode-se dizer respectivamente: eles-nos-olham e nós-os-olhamos. Enquanto da primeira maneira podemos extrair aspectos constitutivos da condição de inautenticidade, a segunda é remetida simplesmente a significações de ordem psicológica.

O nós-objeto se origina da relação com o outro, mas é transcendido por um terceiro que por sua vez nos toma como objeto. Há o fato da necessidade do outro na consolidação do eu-sujeito, pois somos em simultaneidade, em situação, em relação. Nota-se que essa relação se apresentou em singularidade, ou seja, na especificidade da presença de um único outro. Sartre introduz outra possibilidade experimentada por nós, quando argumenta:

> minha relação com esse outro que experimentava o eu como fundamento de meu ser-para-outro e a relação do outro comigo podem a cada instante, segundo os motivos que intervenham, experimentadas como *objeto para os outros*. Isto se manifestará claramente no caso da aparição de um terceiro (1976, p. 514).

O que significa que, no surgimento desse terceiro, que nos toma por objeto, experimento junto ao outro minha alienação e minha objetividade. Portanto, são aspectos vividos apenas na comunidade com o outro.

Ao experienciar o *nós-objeto*, o outro e eu somos modificados simultaneamente. O que antes se esgotava em uma situação contida unicamente nas possibilidades da relação com o outro, passa a uma nova situação; segundo Sartre nesta situação emergente "experimento que minhas possibilidades estão alienadas e descubro que as possibilidades do outro são morti-possibilidades" (1976, p.

517). Essas transformações que ocorrem na particular situação que tenho com o outro se dão, portanto, por meio dessa terceira perspectiva que se constitui em meio a um terceiro mundo. Aí o *nós* será objeto de julgamento e de transcendência; eu e o outro seremos abarcados em igualdade, como conclui: "Já não há estrutura de prioridade que vá de mim ao outro ou, inversamente, do outro a mim, posto que nossas possibilidades são igualmente, para o *terceiro*, morti-possibilidades" (1976, p. 517).

A experiência que sofro ao ser *percebido* por esse terceiro olhar me foge à reflexão e me põe como equivalente e solidário ao outro. Sartre denomina tal experiência de *ser-afora*: "O que experimento é um ser-afora, em que estou organizado com o outro em um todo indissolúvel e objetivo, um todo em que não *me distingo já* originariamente do outro, mesmo que, solidariamente com este, concorro a constituir" (1976, p. 518). Nesta massa homogênea – consubstanciada – submetemo-*nos* ao ponto do nivelamento. O que se pode dizer de uma radical alienação do para-si no comprometimento do estar *afora*. Segundo Sartre, "do comprometimento que levo adiante sem captá-lo, esse livre reconhecimento de minha responsabilidade, que inclui a responsabilidade do outro, é a experiência do *nós-objeto*" (1976, p. 518).

Tal nivelamento, ocultando toda alteridade, expressa-se no fato de que para o terceiro reduzimo-nos ao unificante *eles* (objeto), o que resulta subjetivamente na fala impessoal do *nós*, por sua vez inapreensível pela razão como tal: "A consciência reflexiva não poderia captar esse nós: sua aparição coincide, ao contrário, com o desmoronamento do nós: o para-si se desprende e põe sua ispeidade contra os outros" (Sartre, 1976, p. 519).

Esta experiência do para-si, do *nós*, não é só no âmbito particular como sugere Sartre, ao apontar esse *terceiro* como a *totalidade humana* (captada igualmente como objeto), e nesse sentido conclui que "corresponde a uma experiência de humilhação e de impotência: o que se experimenta como constituindo um nós com os outros homens que se sente enviscado entre uma infinidade de existências estranhas, está alienado radicalmente e sem apelação" (1976, p. 520). Disto deriva a noção de coletividade e em sentido específico, como modalidade do *nós*, temos a *consciência de classe*. Sartre faz alusão à *psicologia das massas* ao abordar essa modalidade, que resulta em uma realidade de classes subjugadas e indica ainda uma descrição dos mecanismos *masoquistas* que permeiam a chamada *massa*:

[...] a coletividade se precipita à servidão e exige ser tratada como objeto. Trata-se [...] dos múltiplos projetos individuais dos homens na massa: a massa tem sido constituída *como massa* pelo olhar do chefe ou do orador; sua unidade é uma unidade-objeto que cada um de seus membros lê no olhar do terceiro que a domina, e cada um faz então o projeto de perder-se nessa objetividade, de renunciar por inteiro à sua própria ipseidade para não ser mais que um instrumento em que quer fundir-se —não é já seu puro e simples para-o-outro pessoal, senão a totalidade – objetiva – massa (Sartre, 1976, p. 522).

Assim, podemos falar que a completa exterioridade do homem que privilegia a dimensão do público, a heteronomia, falsifica seu destino. Aquele que renuncia ao projeto de ter-de-ser acaba por ser infiel ao fundo autêntico da existência e com isso se revela amoral. O problema encerra-se, então, no conhecimento existencial da vocação, da missão inalienável, um conhecimento que pode e deve ir crescendo, perfilando-se em detalhes, conforme se vai avançando na vida e recebendo a fecundação e o estímulo da luta pela existência, e uma fidelidade total ao ser que se é e se tem de ser.

Referências

Bollnow, Otto F. *Filosofia existencial*. Coimbra: Armênio Amado, 1946.

Giles, Thomas Ransom. *História do existencialismo e da fenomenologia*. São Paulo: EPU/EDUSP, 1975.

Etcheverry, Auguste. *O conflito atual dos humanismos*. Porto: Tavares Martins, 1964.

Heidegger, Martin. *Ser e tempo*. Rio de Janeiro: Vozes, 1995.

Olson, Robert G. *Introdução ao existencialismo*. São Paulo: Brasiliense, 1970.

Sartre, Jean Paul. *El ser y la nada*: ensayo de ontología fenomenológica. Buenos Aires: Losada, 1976.

_____. *Existencialismo é humanismo*. São Paulo: Nova Cultural, 1987.

Spanoudis, Solon. *Todos nós... ninguém*: um enfoque fenomenológico do social. São Paulo: Moraes, 1981.

Zilles, Urbano. *Gabriel Marcel e o existencialismo*. Rio Grande do Sul: PUC-RS, 1988.

8

O Sentido do Engajamento em Emmanuel Mounier e em Jean-Paul Sartre

Alino Lorenzon[1]

> Les idées ne sont rien sans les hommes
> qui seuls peuvent les nourrir[2]
> (E. Mounier, *Écrits sur le personnalisme,* p. 384).

O título deste breve ensaio foi motivado, sobretudo, pela importância do "engajamento" num determinado tempo histórico, importância dada e vivida por esses dois eminentes pensadores e militantes do século XX, que por isso exerceram uma influência decisiva em várias gerações de jovens e de líderes no Brasil. No entanto, deve-se observar que, na atualidade, muitas são as pessoas, grupos e movimentos sociais que lutam por uma sociedade mais justa, movidas seja por um compromisso puramente humano, seja por motivações religiosas.

Ora, dentre a abundância de trabalhos publicados pelas editoras e pela imprensa por ocasião do centenário de nascimento

---

[1] Professor aposentado de Filosofi a da UERJ e da UFRJ.
[2] As ideias não são nada sem os homens, os únicos que podem nutri-las. (N.R.)

(1905) desses dois filósofos, chamou-me a atenção a manchete do jornal francês *La Croix*: "Mounier et Sartre: Deux penseurs de l'action"[3] (2005). Ademais, a experiência e a observação de cada um de nós mostram constantemente a veracidade da afirmação acima. As ideias, por mais sublimes que sejam, e por si mesmas, nada são sem as pessoas, e somente elas podem assimilá-las e vivê-las num projeto de vida individual e comunitária.

A escolha do título deste modesto ensaio, portanto, foi orientada por várias razões. Um longo itinerário de vida e de lutas, como os de Mounier[4] e de Sartre, baseados no testemunho de valores morais e na coerência entre o dizer e o fazer, entre a palavra e a prática, mostra-nos o que foi e o que é um "pensamento engajado".

Essa expressão, outrora muito utilizada no Brasil, sobretudo nos anos 50 e 60 pelos movimentos de Ação Católica, em particular pela Juventude Estudantil Católica (JEC), a Juventude Universitária Católica (JUC), a Juventude Operária Católica (JOC) e a

---

[3] Mounier e Sartre: Dois pensadores da ação. (N.R.)
[4] Em Manuel MOUNIER. Nasceu em 1905 na cidade de Grenoble. Cursou Filosofia na universidade daquela cidade. Em Paris fez o concurso da "agregação" em Filosofia, sendo recebido em segundo lugar após Raymond Aron. Foi professor de Filosofia no liceu Saint-Omer, norte da França, durante um ano. Em Paris, tenta preparar o doutorado em Filosofia. Desiludido com a arcaica estrutura da Sorbonne, abandona a carreira do magistério. Com alguns jovens amigos planeja lançar uma revista completamente diferente das existentes na França naquela época. Em agosto de 1932, no congresso realizado em Font-Romeu, nos Pirineus, juntamente com um grupo de jovens inconformados com uma civilização burguesa e individualista, planeja o lançamento do primeiro número de uma revista, a ser provisoriamente chamada *Esprit*, que tem como subtítulo ambicioso "Revista internacional da nova geração". Uma revista diferente das demais, porquanto seria ao mesmo tempo um grande movimento de transformação social. Autor de muitos artigos, obras e ensaios de cunho filosófico. Os principais trabalhos foram reunidos por sua esposa, Paulette Mounier, após a morte do marido, ocorrida repentinamente em 1950, com a idade de 45 anos.

Ação Católica Operária (ACO), hoje desapareceu do vocabulário de qualquer pensador e militante. Ora, foram sobretudo Mounier e Sartre que, naquela época, conseguiram comunicar a tantos jovens e adultos durante muito tempo o sentido e o dinamismo do que significa "engajamento", tanto para cristãos como para não crentes, em particular para líderes e militantes no campo das mudanças por uma civilização e uma sociedade mais justas e mais solidárias.

Em apoio a essa afirmação, cito apenas os nomes do jesuíta e filósofo Lima Vaz, de Betinho e de Luiz Alberto Gómez de Souza. Basta consultar os seguintes escritos: *Cristianismo hoje* (1964), da autoria desses três importantes líderes e pensadores; *A JUC: os estudantes católicos e a política* (1984); *A utopia surgindo entre nós* (2003), *Do Vaticano ll a um novo Concílio?* (2004) de Luiz Alberto, e *A primavera dos anos sessenta: a geração de Betinho* (1994), de Giovanni Semeraro, para perceber o sentido profundo e amplo do que significa "engajamento". Aliás, o título do texto de Luiz Alberto (2003), "Mounier: na procura de um compromisso político e ético exigente", mostra bem a coerência e a verdade do significado da epígrafe no início deste ensaio.

Na apresentação de o *Cristianismo hoje*, fica evidenciado o horizonte que se apresentava aos jovens cristãos universitários daquele período de ebulição social. Tratava-se de superar a "dignidade humana espezinhada. Do homem inteiro, todo e todos. Do homem que hoje é mais de dois bilhões e que ainda morre de fome. E para os cristãos que aqui escrevem, toda esta história começa com o tremendo fato de um Deus que, não contente em criar o mundo, se fez também homem entre os homens" (1964, p. 15). Ora, não se tratava naquele momento (e com maior razão na gravíssima crise do modelo neoliberal dos nossos dias) de pensar apenas em reformas setoriais ou avaliar a crise em termos excludentes, afirmando, por exemplo, que a crise é apenas ou sobretudo moral, ou apenas econômica e política. Para Mounier, há uma crise muito mais profunda; trata-se da crise de uma civilização. E Paul Ricoeur, amigo e discípulo de Mounier, colaborador da revista *Esprit* até o final da sua vida, sintetiza de maneira magistral o projeto de Mounier. "Sua grande aventura (a aventura intelectual de Mounier) é ter, em 1932, vinculado originariamente sua maneira de filosofar ao afloramento ao nível da consciência de uma crise de civilização e de ter tido a ousadia de visar, mais além de qualquer escola filosófica, uma nova civilização em sua totalidade" (1968, p. 137).

Ora, esse mesmo espírito de percepção e urgência de transformações profundas em todos os setores da vida humana, e igual ousadia e projeto, podem ser constatados na obra *Cristianismo hoje*. Na maioria dos textos que compõem o livro são frequentes as referências diretas a Mounier e, portanto, à exigência de que a mudança não se fará sem a participação do povo e, em particular, de seus líderes. Daí não se poder falar em "compromisso ou engajamento" sem uma teoria da pessoa, do mundo, da humanidade e da sociedade. A pessoa humana é, pois, quem produz constantemente um *sentido*, e, para o cristão, um sentido religioso, inspirado na Revelação e na Encarnação. Ademais, e isso deve ser permanentemente lembrado, o *eu* pertence sempre a uma comunidade que existe corporalmente, inserida nos condicionamentos do espaço e do tempo.

No entanto, faz-se mister lembrar que a palavra-chave *engajamento*, posta em circulação no meio acadêmico e na reflexão dos anos 30 e 40, originariamente fora introduzida pelo filósofo russo, Paul-Louis Landsberg,[5] sendo então muito empregada por

---

[5] Paul-Louis LANDSBERG. Nasceu em Bonn em 1901. Foi professor de Filosofia na universidade dessa mesma cidade. Fugindo da Alemanha por causa das perseguições do nazismo, incorporou-se à Universidade de Barcelona, onde ministrou seminários sobre Nietzsche e Max Scheler, de quem foi aluno, amigo e discípulo.

Mounier. Assim é que, segundo a afirmação de Jean-Marie Domenach,[6] o termo *engajamento*, novo naquele momento, foi lançado por Rougemont e Mounier muito antes de Sartre (1972:105). Retornando às reflexões de Landsberg, é preciso citar o texto de Paul Ricoeur, que, na introdução da resenha por ele redigida a respeito do livro *Ensaio sobre* a *morte*, apresenta-nos as seguintes considerações:

Sua reflexão se situava na encruzilhada das noções mestras da filosofia da pessoa: engajamento *histórico* do homem, ato *pessoal*, descoberta dos *valores* como "direções de nossa vida histórica", transubjetividade dos valores no coração mesmo de nossos engajamentos concretos. Quer dizer que ele se colocava nos pontos críticos, os mais difíceis desta filosofia da pessoa, no ponto em que valor histórico, existência pessoal e transcendência coincidem (1992, p. 191).

Na Espanha, a guerra civil de 1936 o surpreendeu, refugiando-se então em Paris, fazendo parte imediatamente do grupo e do movimento *Esprit*. Apesar de ter arranjado uma carteira de identidade falsa com o nome de Richert, médico, foi preso pela Gestapo e deportado para o campo de concentração de Oranien-burgo, perto de Berlim, onde morreu de esgotamento, inadaptação psíquica e miséria material, em 1922. Landsberg foi um entusiasta divulgador das ideias de Max Scheler na França.

[6] Jean-Marie DOMENACH. Nasceu em Lyon, França, em 1922, tendo falecido em 1997. Autor de diversas obras, ensaios e artigos, publicados sobretudo na revista *Esprit*, da qual foi redator-chefe no período de 1957-1976. Em seguida, foi diretor de coleção da famosa editora francesa Éditions du Seuil. Foi professor em universidades estrangeiras e na Escola Politécnica de Paris. Participou contra a guerra da Indochina, contra o colonialismo francês em Madagascar e no Magreb, contra a guerra da Algéria, animando ao mesmo tempo diversos comitês pela defesa dos oprimidos no mundo. Com M. Foucault participou do comitê contra os maus-tratos nas prisões da França.

É por isso que, durante sua permanência na França, a influência de Lansberg na história de *Esprit* e do personalismo é quase tão importante quanto a de Mounier. A esse respeito, Guy Coq,[7] um dos mais abalizados intérpretes e discípulos de Mounier, afirma que existe uma verdadeira filosofia do engajamento, estreitamente ligada a um pensamento da ação. Por isso deve-se fazer uma associação entre os dois pensadores, sobretudo quando se discute o tema do engajamento.

Ora, para Landsberg, somente se pode falar em engajamento a partir de uma teoria da pessoa, que não é redutível a elementos puramente exteriores. Por aproximação, apresenta, em suas múltiplas reflexões, uma espécie de definição de pessoa, mas de maneira aproximativa.

A pessoa é uma atividade que produz permanentemente um *sentido*, em colaboração e em luta constante com o destino interior, proveniente das profundezas da hereditariedade e sujeito à pressão do meio, mas de tal modo que é somente nesse encontro que o destino se torna destino, que o meio se torna meio (1968, p. 9).

É por isso que tanto Landsberg como Mounier e os personalistas falarão de um movimento de personalização do homem e da natureza, isto é, de um processo mediante o qual nos

---

[7] Guy Coq. Fez o concurso nacional de agregação em Filosofia, para o ensino dessa disciplina nos liceus da França. Membro do comitê de redação da revista *Esprit*. Publicou diversos livros e artigos, sobretudo referentes à educação e ao problema da laicidade nas escolas da França. Como presidente da *Association des amis d'E. Mounier*, foi incumbido da reedição atualizada das obras de Mounier e da redação do *Bulletin de l'Association des Amis d'E. Mounier*.

conquistamos e nos desenvolvemos cada vez mais. No entanto, para Landsberg, o conteúdo interno dessa atividade possui um sentido religioso. Por isso, a ideia de criatura ocupa um lugar central em sua reflexão.

A *personalidade de Deus* significa, antes de mais nada, para a pessoa humana que, se ela se encontra inicialmente como uma estranha num mundo impessoal, possui no entanto *de jure* uma relação imediata com a origem desse mundo e, por isto, um conhecimento imediato de seu criador (1968, p. 14-15).

Landsberg não escreve apenas sobre o sentido e a sublimidade do engajamento de vocações excepcionais, como os santos, os místicos e os monges, mas principalmente sobre o caráter histórico do engajamento dos homens comuns que, como nós, vivemos no mundo e exercemos uma profissão. Esse caráter histórico de nossa vida é condição de humanização. Num mundo cheio de contradições, defrontamo-nos com duas possíveis opções. A primeira, a do "espectador isolado", retirado da cena, posto à parte dos acontecimentos. Landsberg acredita que esse não pode ser o fundamento antropológico do engajamento e que o processo de humanização é um ato livre, realizado numa comunidade. Mas a liberdade não é uma simples operação intelectual, nem algo pronto e acabado. É, antes de mais nada, um processo de libertação, um devir, um tornar-se livre a todo instante. Aliás, Mounier adianta que é preferível falar dum processo de permanente libertação do que falar de liberdade, conceito um tanto estático e cômodo. Ora, se o engajamento está implicado numa coletividade e com ela, somente poderá ser realizado com a nossa participação efetiva na história dessa coletividade. A essa participação Landsberg chama de "presença histórica ou *historicidade* essencial à humanização do homem" (1968, p. 22). Contudo, se a nossa liberdade é um devir significa então que estamos sempre diante de um futuro e que vivemos "de modo prospectivo", adiante de nós. A seguinte afirmação de Landsberg mostra bem o que acabamos de dizer.

O que denominamos *engajamento* é o assumir concreto da responsabilidade de uma obra a ser realizada no futuro, de uma diretriz definida para o esforço que dirigimos à formação do futuro humano. Consequentemente, é o engajamento que realiza nossa historicidade humana e querer subtrair-se a ele representa, em geral, a destruição do próprio progresso de nossa qualidade humana (1968, p. 22-23).

Por essas ponderações, vemos como o engajamento envolve o futuro individual e o futuro coletivo. Diríamos em linguagem popular: "Estamos todos no mesmo barco". De outro lado, é um ato livre. É obra do homem integral, isto é, da inteligência e da vontade. A concepção de Landsberg não é intelectualista nem voluntarista. Por isso, não se confunde nem com uma operação puramente intelectual, nem com a incorporação cega em um grupo. A esse respeito suas considerações são contundentes.

Deixar-se seduzir por um movimento potente, deixarse arrastar por ele como a gota no rio, tal *deserção* da responsabilidade pessoal pode entusiasmar individualistas falidos, mas não tem nada a ver com o ato que aqui descrevemos como essencial para a qualidade humana (1968, p. 25).

Landsberg pensa que o engajamento nos leva ao conhecimento da verdade, isto é, à busca da verdade que transforma a existência humana, criticando assim tanto a neutralidade não comprometida como o intelectualismo puro. É que de fato nos encontramos sempre em uma *situação*. Não somos simples *espectadores impessoais*. Afirma que o engajamento "é, ao mesmo tempo, uma necessidade moral e um meio *indispensável* ao próprio conhecimento"(1968, p. 28). Por isso, ele fala da necessidade de substituir a teoria intelectualista por uma teoria personalista do conhecimento. Esta toma como ponto de partida a realidade vivida do conhecimento pessoal integral. E, como discípulo de Max Scheler, ele ressalta a importância de uma axiologia. São os valores que dão seriedade e consistência ao engajamento humano. Tendo embora um caráter de transubjetividade, os valores não se confundem com uma pura abstração ou uma simples transcendência, perdida no mundo das ideias.

Diz Landsberg: "A *transubjetividade* dos valores não significa que eles existam em um império de valores puros" (1968, p. 32). A pessoa não está separada dos valores, a não ser por uma abstração. Também, de outro lado, não significa que os valores dependam exclusivamente dos indivíduos. É por isso que Landsberg os chama de *transpessoais,* evitando cair num subjetivismo puro. Por isso, o homem do engajamento pessoal é o homem que se decide por princípios. Numa passagem do artigo intitulado "Reflexões sobre o engajamento pessoal", Landsberg o demonstra de maneira clara, dissertando a respeito da educação moral, sabendo-se que esta deve inspirar e nortear a educação intelectual.

> Em conseqüência, a educação moral não pode consistir, para o personalista, na aquisição de princípios que possam funcionar em qualquer circunstância, mas em uma transformação que dá ao homem a capacidade de se decidir por si mesmo em

todos os casos concretos. Esta transformação exige que aprendamos a compreender as ideias de valor da humanidade histórica como expressões de decisões vividas (1968, p. 34).

Por isso a humanidade pode descobrir em sua história valores novos, valores falsos e verdadeiros, mas isto não prova que sejam puramente subjetivos. Assim como há vocações individuais, também existem vocações coletivas que agem por decisões valorativas. Mas, afirma Landsberg, "o valor transubjetivo está presente em toda pessoa concreta sob a forma de vocação pessoal" (1968, p. 36). Assim, fica excluído o caráter puramente subjetivista do ato valorizador. A referência são os valores transubjetivos, sem os quais não são possíveis um engajamento autêntico e um sentido da ação.

No congresso da *Esprit*, realizado em julho de 1937, Landsberg apresentou um relatório com o título "Reflexões sobre o engajamento pessoal", publicado nessa revista em novembro desse mesmo ano. Naquela intervenção, Landsberg desenvolveu um texto denso no plano teórico, acompanhado ao mesmo tempo de sugestões práticas, texto que foi objeto de longas discussões durante e após o congresso. Ademais, ressaltava que apresentava a sua exposição como cristão, como filósofo e como companheiro engajado num movimento histórico definido. No ano seguinte, apresentou outro documento intitulado "O sentido da ação", dando assim continuidade ao trabalho anterior. Daí, a estreita relação entre o engajamento e o sentido da ação. Tratava-se de dar ao agir humano uma fundamentação teórica consistente, por ser a nossa *corporeidade*, a qual comporta a ação, uma ação sempre mesclada de impureza, isto é, não isenta de ambiguidades. Diz Landsberg:

O homem quer salvar sua alma. Quer enfrentar a morte e o juízo, ficar livre de todo pecado, mas, ao mesmo tempo, não pode esquecer que Deus o situou dentro de uma comunidade e o fez nascer num instante definido do tempo histórico. Trata-se, nesse caso, de um conflito entre a vontade pessoal de valor e o fato humano do egoísmo, individual ou coletivo (1968, p. 85).

Insistindo sobre o caráter histórico do agir humano, Landsberg, no entanto, adverte-nos que a filosofia personalista não pode correr o risco de uma nova forma de espiritualismo dualista. E cita as palavras de Maine de Biran: "O 'eu' não é a substância abstrata que tem como atributo o pensamento, mas sim o indivíduo completo, do qual o corpo é uma parte constituinte essencial" (1968, p. 91). Pela corporeidade, estamos expostos a situações as mais diversas e a toda sorte de perigos. Mas essa é a nossa condição humana. E acrescenta as seguintes ponderações, muito importantes e sempre atuais: "A categoria do ameaçado", de que fala ainda o mesmo G. Marcel, é uma categoria universal da vida humana e o "viver perigosamente" de Nietzsche é antes uma constatação que uma exortação à ação heroica. Por isso, "o ponto de partida de toda ação está no '*eu, aqui, agora*'" (1968, p. 96). Esse fato fundamental abrange, consequentemente, as diversas dimensões da pessoa. Landsberg insiste, nesse caso, na necessidade de lembrar a dimensão da corporeidade espaço-temporal.

O sujeito que deve agir sou eu, pessoalmente, em *carne* e osso, *eu, aqui, agora*. Do mesmo modo, a ação nada tem de conclusão ou de aplicação teórica de um princípio. Ela não parte de um princípio pensado e sim de uma situação vivida. Trata-se sempre de valores, em sua realização já obtida ou possível (1968, p. 97).

À primeira vista, essas afirmações poderiam ser passíveis de uma interpretação irracionalista ou individualista. Não é o propósito de Landsberg. Em outros trabalhos, ele desenvolveu uma teoria personalista do conhecimento, bem como o papel da razão na busca da verdade. O que pretende mostrar é a importância da experiência das noções de espaço e tempo, quando se discute o sentido da ação. E contra uma possível interpretação individualista, Landsberg lembra-nos que o eu-agente está sempre ligado a um *nós, aqui, agora.*

O eu pertence sempre a uma comunidade que existe corporalmente. O indivíduo encontra-se sempre mais ou menos incorporado. A comunidade também tem o seu tempo: o território que habita e os territórios que a cercam, a história vivida por ela e a tradição, que é sua *mneme viva* (1968, p. 98).

O tema da relação entre uma filosofia existencial, a ação e o engajamento na obra de Landsberg foi aqui apresentado de maneira muito concisa. No entanto, a minha intenção era, sobretudo, mostrar como e quanto a obra de Landsberg influenciou a orientação de Mounier, o personalismo e o grupo da revista *Esprit*. Porquanto, é impossível discutir a importância do engajamento no pensamento de Mounier sem evocar a memória de Landsberg. São duas filosofias da ação estreitamente associadas. Mounier vai mais longe, chegando a falar de uma "virada metafísica" no campo da reflexão e do agir humanos.

Essa virada metafísica é preciso lembrá-la, sobretudo por causa de uma influência que eu quero hoje evocar, com gravidade e tristeza, porque não mais o conheceremos, isto é, a influência de Paul-Louis Landsberg, cuja morte, em um campo da Alemanha, infelizmente, acabamos de saber. Personalidade extremamente poderosa, aluno de Max Scheler, teve sobre nós uma espantosa influência. Foi ele quem nos salvou desse perigo do purismo. Alguns de vocês se lembram do seu estudo sobre o engajamento que apareceu em *Esprit* e que marcou essa virada. Esse estudo mostra magnificamente como, em circunstâncias históricas concretas, em que estamos sempre mergulhados, queiramos ou não, temos um certo número de deveres que são deveres de decisão *e* de engajamento, e que colocar os problemas fora dessas circunstâncias históricas, em virtude de uma espécie de pureza ideal, é, no fundo, evadir-se de sua condição humana. Todo engajamento é impuro. As coisas históricas sempre são mescladas. Jamais encontraremos por aí a posição ideal que desejaríamos para agir como gostaríamos. Devemos agir com acontecimentos que não vêm de nós, que vêm do exterior, e o essencial é a decisão com a qual nós aí entramos para dar prova de eficácia histórica. Essa crítica que Landsberg fazia, sobretudo no plano filosófico, poder-se-ia prolongar no plano educativo e espiritual. Eu creio que o defeito de nossas educações cristãs é de orientar-nos demais para o escrúpulo e pouco para a decisão. O próprio refinamento desse debate interior em *sim* ou em *não* faz com que percamos o sentido mesmo do que é essencial, que é o *sim* (2005, p. 82-83).

Talvez tenha sido dada uma importância exagerada à contribuição de Landsberg em detrimento da contribuição de Mounier e de Sartre, no que se refere ao sentido e ao testemunho da ação, expresso na palavra "engajamento". Foi uma opção proposital.

Acerca da contribuição e da vivência do sentido do engajamento em Sartre, tecerei apenas algumas ponderações. Primeiramente, Mounier e Sartre viveram igual momento histórico.

Mounier e Sartre nasceram no mesmo ano na França. No entanto, Mounier faleceu em plena idade adulta, aos 45 anos, em 1950 e Sartre, aos 75, em 1980. Foram espectadores e participantes de fatos e experiências dolorosas iguais, como a crise do capitalismo com o *crack* da Bolsa de Wall Street em 1926, o fenômeno do "Front Populaire" (1936-1938) na França, a Segunda Guerra Mundial, a destruição causada pela bomba atômica, a ascensão do comunismo e dos fascismos, as guerras dos colonialismos e das revoltas através dos diversos movimentos e lutas de libertação e de descolonização. A revista e o movimento *Esprit* denunciaram em primeira linha, desde 1933, os abusos do colonialismo francês na Indochina e na África francesa. Sabe-se dos engajamentos de Sartre nas lutas por um mundo mais justo e mais solidário. Por isso, embora possam haver entre os dois pensadores certas divergências quanto à visão de mundo, contudo, podemos identificar, no plano das lutas políticas e sociais, muitos pontos de convergência. Em seu livro *Introduction aux existentialismes*, Mounier ilustra com a imagem da árvore a multiplicidade de tendências, colocando Sartre num ramo e, num outro, o personalismo, tendo ambos um enraizamento comum (1962, p. 71). Fala-se muito da "literatura engajada" de Sartre. E esta foi de fato um de seus grandes instrumentos de manifestação e de testemunho dos valores humanos e morais, além de sua presença militante nas lutas político-sociais em favor da libertação dos oprimidos, sejam as pessoas, sejam os povos colonizados e explorados. Ora, para Sartre a liberdade tem constituído um grande desafio teórico-prático e uma constante experiência de sua finitude. Na sua famosa conferência intitulada *O existencialismo é um humanismo*, Sartre chama a atenção para a responsabilidade de cada de nós, responsabilidade que é parte ontológica, integrante de nossa existência.

Assim, o primeiro esforço do existencialismo é o de pôr todo homem no domínio do que ele é e de lhe atribuir total responsabilidade. E, quando dizemos que o homem é responsável por si próprio, não queremos dizer que o homem é responsável pela sua restrita individualidade, mas que é responsável por todos os homens (1978, p. 6).

Mais adiante, Sartre reforça a sua tese: "Assim, a nossa responsabilidade é muito maior do que poderíamos supor, porque ela envolve toda a humanidade".

Indiscutivelmente, muitas outras ponderações comparativas poderiam ser feitas entre a concepção e a prática do engajamento tanto por parte de Mounier como de Sartre. Dois pensadores da ação e dois líderes franceses, cuja influência intelectual e moral perdura viva e desafiante na mente e na consciência de seus discípulos e estudiosos até os nossos dias. Como lembrete conclusivo, gostaria de deixar registrada mais uma vez a sentença de Mounier que encabeça este modesto ensaio.

"*Les idées ne sont rien sans les hommes qui seuls peuvent les nourrir*»

REFERÊNCIAS

COQ, Guy. "Introduction" à *L'engagement de la foi* de E. Mounier. Parole et Silence, 2005. p. 5-12. Trad. em português *O compromisso da fé*. São Paulo: Duas Cidades, 1971.
DOMENACH, Jean-Marie. *Emmanuel Mounier*. Paris: Le Seuil, 1972.
GÓMEZ DE SOUZA, Luiz Alberto. *A JUC: os estudantes católicos e a política*. Petrópolis (RJ): Vozes, 1984. Traduction de la thèse de Doctorat en Sociologie, présentée en 1979 à

l'Université Paris III, sous le titre *Les étudiants chrétiens et la politique au Brésil*. Ver tb. *A utopia surgindo no meio de nós*. Rio de Janeiro: Mauad, 2003.

La Croix. Paris, 27 de janeiro de 2005.

LANDSBERG, Paul-Louis. *O sentido da ação* (Título original: *Problèmes du personnalisme)*. Trad. brasileira de Maria Helena Kühner. Rio de Janeiro: Paz e Terra, 1968.

MOUNIER, Emmanuel. *Oeuvres*. T.lll. Paris: Le Seuil, 1962.

Introduction aux existentialismes. Trad. em português: *Introdução aos existencialismos*. Lisboa: Morais Editora, 1963.

_____. *L'engagement de la foi*. Textes choisis et présentés par Paulette Mounier.. Paris: Parole et Silence, 2005. Trad. brasileira: *O compromisso da fé*. São Paulo: Duas Cidades, 1971.

RICOEUR, Paul. *Lectures 2 : La contrée des philosophes*. Paris: Le Seuil, 1992. Trad. em português: *Leituras 2 : A região dos filósofos*. São Paulo: Loyola, 1996.

SARTRE, Jean-Paul. *O existencialismo é um humanismo*. São Paulo: Abril Cultural, 1978 (Col. Os Pensadores).

SEMERARO, Giovanni. *A primavera dos anos 60: A geração Betinho*. São Paulo: Loyola, 1994.

SOUZA, Herbert José de (Betinho) e GÓMEZ DE SOUZA, Luiz Alberto (organizadores). *Cristianismo hoje*. Rio de Janeiro: Ed. Universitária da UNE, 1964 (O Pe. H. de Lima Vaz foi um dos colaboradores do texto).

9

A Percepção como Revelação do Mundo: A Fenomenologia de Merleau-Ponty

João Carlos Nogueira

Introdução

O conceito de consciência encarnada exprime de forma sintética o núcleo do pensamento filosófico de Merleau-Ponty. O homem existe como ser-no-mundo pelo corpo. Tal é o seu modo próprio de ser. Não é alguém que se encontra objetivamente como simples coisa no meio do mundo, nem uma consciência encerrada na sua interioridade. Realiza-se como *para-si* – como consciência e liberdade – no ato de sair de si e estar junto das coisas em relação com o mundo e os outros homens. Como abertura e presença, afirma-se como sujeito que tem o mundo como destinação do seu ser. Ele é, em sentido forte, "*um sujet voué au monde*", um sujeito que tem no mundo sua destinação.

A reflexão filosófica tem por fim elucidar o que significa para o homem existir em sentido próprio. Do ponto de vista fenomenológico a existência é o fenômeno originário a partir do qual se torna possível lançar luz sobre a totalidade das coisas e situar cada uma no interior dessa totalidade.

Nossa consciência em todas as suas atividades, que vão da percepção à atividade científica, passando pela imaginação e o sentimento, constitui um campo de manifestação que se exprime como *existência* ou modo de ser próprio que nos define como seres de *sentido*, capazes, por conseguinte, de se compreender e compreender o mundo no qual esse sentido se inscreve. Nossa consciência é dotada de um caráter intencional que a destina ao mundo como o seu correlato.

O objetivo do filósofo é "o de pôr em evidência a função primordial pela qual fazemos existir para nós, assumindo-os, o espaço, o objeto ou instrumento, e descrever o corpo como lugar dessa apropriação".[1] Ora, essa função primordial de que fala Merleau-Ponty é exatamente a *existência*, vale dizer, o ser-no-mundo pelo corpo.

O que está em jogo nessa posição é a exigência de superação das posições antagônicas do intelectualismo, expressa no *cogito* cartesiano, cujo vértice se encontra no idealismo pós-kantiano, e do naturalismo. Enquanto este último considera o homem como o resultado das influências físicas, fisiológicas e sociológicas que o determinam de alto a baixo e fazem dele uma simples coisa entre tantas outras,[2] aquele o considera uma consciência constitutiva do mundo. O mundo acaba assim reduzido à sua significação.[3] Prisioneira de suas representações, a consciência, na concepção idealista, acaba por eliminar o mundo. Definida pela interioridade, ela não permite captar o significado e a originalidade do nosso modo de existir. Assim, cada uma das alter-

---

[1] MERLEAU-PONTY, M. *Phénomenologie de la Perception*. Paris : Gallimard, 1945, p. 180. Daqui em diante a citação dessa obra será abreviada por P.P.
[2] Cf. *Sens et non-sens*. Paris : Nagel, 1948, p. 142.
[3] P.P., *Avant-propos*, p. VI. As traduções do texto de Merleau-Ponty são de minha responsabilidade.

nativas supramencionadas deixa impensada a verdadeira condição humana. Uma porque a objetiviza unilateralmente; a outra porque a subjetiviza excessivamente e por isso a isola. Ora, argumenta Merleau-Ponty, o mérito da fenomenologia é o de ter buscado na noção de existência os meios para pensá-la.[4] Se, por conseguinte, a existência é de fato o nosso ser-no-mundo pelo corpo, então a *percepção do mundo* se torna "aquilo que funda para sempre a nossa ideia da verdade",[5] vale dizer, a verdade humana se fundamenta em nossa situação de seres encarnados, seres efetivamente históricos.

Neste breve estudo, meu intuito é fazer uma leitura do pensamento fenomenológico de Merleau-Ponty a partir da noção de percepção entendida como *revelação* do mundo.

A apropriação do mundo pelo corpo: a percepção

Pode-se dizer com toda propriedade que, para a fenomenologia existencial da qual Merleau-Ponty é sem dúvida um dos maiores representantes, o conceito de existência como ser-no-mundo constitui o núcleo no qual se concentra todo o seu esforço de elucidação da realidade. O mundo é o solo do qual brota todo pensar filosófico. De fato, a Filosofia se constitui tendo como ponto de partida a vida perceptiva que antecede o trabalho de reflexão. A Filosofia é, como diz fortemente nosso autor, "a consciência de sua dependência em relação a sua vida anterior à reflexão que constitui a sua situação inicial, constante e final".[6] Formular filosoficamente

---

[4] Cf. *Sens et non-sens*, p. 144.
[5] P.P., p. XI.
[6] Id., p. IX.

a experiência que temos do mundo será sempre formular o nosso contato originário com o mundo "que precede todo pensamento sobre o mundo", para retomar uma das várias fórmulas tão caras ao nosso filósofo.

A relação homem-mundo não é, em primeiro lugar, uma relação que possa ser transposta em termos de conhecimento como quer o idealismo, e sim uma relação ontológica na qual o homem-sujeito identifica-se com o seu corpo e sua situação, estabelecendo com eles um intercâmbio que se poderia definir como prático-afetivo.

Com essa decidida posição fenomenológica, Merleau-Ponty procura mostrar que a vida perceptiva constitui o ponto em que encontra superação a velha dicotomia empirismo-racionalismo. Nosso modo de aceder à verdade encontra aqui sua origem. O que, de outra parte, mostra a índole histórica da consciência marcada por um caráter intencional que a destina a referir-se a um outro, diverso dela.

O ser intencional da consciência indica sua situação original. Ela é consciência-no-mundo, orientando-se para ele na multidimensionalidade de seus atos. É o que se pode exprimir, em termos husserlianos, como relação dialética entre uma *noesis* ou ato de visar, e um *noema*, aquilo que é visado. Como se trata de uma consciência encarnada, ligada ao mundo pelo corpo, apresenta-se como visada do mundo que capta por meio da percepção. Não é ela, portanto, constituinte no sentido de que sua atividade projeta o que percebe, criando o seu objeto, mas também não é pura passividade em relação ao real. O resultado da percepção, a coisa percebida, nos é dado como coisa presente no mundo que captamos através de perspectivas que fluem ininterruptamente em nosso campo perceptivo. Ora, esse encontro com o mundo pelo qual o revelamos, é algo que se realiza intersubjetivamente, na relação com os outros por meio da linguagem. Nossa consciência, em razão da intencionalidade, revela o mundo e ao mesmo tempo revela-se a si mesma, pois seu ato de revelar é correlativo aos significados que o mundo nos descobre. A consciência humana é sempre consciência-no-mundo, ligada indissociavelmente a ele pelo corpo.

Em virtude dessa situação, a existência desdobra-se num discurso que, ao *dizer* o sentido das coisas, ordena-se simultaneamente ao outro. Comporta, portanto, um duplo enraizamento, no mundo e na intersubjetividade. Estamos de tal maneira envolvidos nas tramas dessa relação, que a verdade de nosso ser em busca da realização tem nela seu princípio, como também nela transparece e se oculta, nesse constante jogo de manifestações e encobertamentos.

Existência, comportamento, linguagem, eis os termos de uma dialética em que se inscreve a história que vamos escrevendo no terreno do sentido que se estabelece pelo nosso ser-no-mundo por meio do corpo. Nossa inserção no mundo, no nível corpóreo e histórico-social, torna nossa existência indelevelmente marcada pela historicidade que caracteriza a dimensão pré-predicativa da consciência. Poderíamos dizer que, para Merleau-Ponty, o caráter histórico e perspectivista do conhecimento nega a possibilidade de que a verdade humana seja definitiva? Atendo-nos às que ele afirma de maneira forte e clara na *Fenomenologia da percepção*, parece-nos que a resposta só pode ser positiva. "Há uma certeza absoluta do mundo em geral, mas não de alguma coisa em particular."[7]

Há aqui, mais uma vez, expressa em termos fortes, uma recusa da posição idealista que acreditava na possibilidade da reflexão to-

---

[7] P.P., p. 344: "Il y a certitude absolue du monde en général, mais non d'aucune chose en particulier".

tal. Nós nunca podemos destacar-nos da vida pré-reflexiva quando se trata da atividade intencional da consciência. Ela depende, no seu exercício, dessa situação originária. Toda tentativa de reflexão total quebra-se contra essa barreira.

O homem é essencialmente ser-no-mundo. Esse liame primordial indica a pertença do mundo ao homem e do homem ao mundo, de tal sorte que um não se concebe sem o outro. Nesse intercâmbio que precede a conceitualização vamos já modelando o mundo à nossa imagem, pois a nossa presença na realidade é sempre iluminadora e significativa. Nosso comportamento é, nessa perspectiva, um comportamento-discurso que diz a realidade, revelando-a.

A existência como presença e a instauração do sentido

Se o sujeito, como eu pessoal, se constitui como unidade de uma história, isto quer dizer que jamais a sua consciência pode tornar-se presente a si mesma por uma transparência pura e uma autocompreensividade plena. Porque intencional, ela traz em si os caracteres da finitude e da temporalidade. Seu desdobramento no tempo como visada do mundo atesta sua condição histórica inconfundível, que lhe nega a possibilidade da posse significativa de si, sem sombras nem opacidades. Ela lança suas raízes no solo donde jorra a vida afetiva que a antecede e condiciona suas intenções.

A presença do homem no mundo é, desde o princípio, uma presença iluminadora que põe em marcha um processo de revelação original do mundo. Tal processo se efetua em virtude do caráter intencional da consciência humana que não se fecha em si mesma como numa ilha, mas se difunde numa comunicação espontânea e aberta, onde a presença de um outro se manifesta desde o início. De fato o outro está presente pelo mesmo movimento instaurador de significação pelo qual vamos dando uma face humana ao mundo e vice-versa, pela mediação do mundo, vamos ao mesmo tempo nos humanizando. O homem se humaniza humanizando o mundo, diz-se comumente numa formulação conhecida, que traduz com propriedade a situação do ser humano como ser-no-mundo. Desse ponto de vista pode-se afirmar que o mundo se manifesta como o *poema* do ser humano, pronunciado pelos múltiplos atos que recortam sua existência. Nossa atividade no mundo é uma atividade *poética*, que constitui o espaço de encontro onde o sentido se faz história. Na verdade, o sentido é sempre sentido para nós, sentido que se encontra no termo de nossas visadas e possibilita a tarefa comum de elucidação e transformação da realidade, constitutivas do complexo tecido da história que arduamente vamos escrevendo. Ora, é pelo comportamento que fazemos o mundo chegar ao sentido. Essa é uma tese característica do pensamento merleau--pontyano, que atravessa sua reflexão em obras que vão da *Estrutura do comportamento* a *Visível e invisível*, passando pela *Fenomenologia da percepção* e *Sinais*, obra na qual a consciência perceptiva começa a dar lugar à noção forte de *corpo* e *carne*.

Em toda parte onde exerce sua presença, o homem se manifesta como ser que tem ontologicamente como característica instaurar e manifestar sentido. Isto ele faz pelo corpo próprio que apresenta a dupla característica da reflexividade da consciência e a *visibilidade* própria do mundo. Ele é, por conseguinte, essencialmente um ser de linguagem. Ora, a linguagem como expressão não pode ser identificada sem mais à palavra falada. Os sentidos proferidos na palavra não recobrem toda a extensão dos sentidos estabelecidos pelo comportamento. A palavra proferida restringe o sentido a um segmento da realidade. Mas isso é o que permite a constituição de significações estáveis, responsáveis pelo alargamento do campo de nossa experiência por meio da constituição do mundo cultural. Por essa razão a linguagem não pode ser reduzida a um simples sistema de sinais convencionais, utilizado como instrumento de comunicação de nossos pensamentos.

A linguagem implica, sem dúvida, comunicação. Mas não é antes de tudo uma comunicação do que pensamos por meio de um conjunto de sinais convencionalmente estruturados, como se pensamento e linguagem fossem exteriores um ao outro. Diz Merleau-Ponty: "É preciso reconhecer em primeiro lugar que o pensamento não é, no sujeito que fala, uma representação, isto é, ele não põe expressamente objetos e relações. O orador não pensa antes de falar e nem mesmo enquanto fala; a sua palavra é o seu pensamento".[8] Pensamento e palavra acham-se ligados numa relação de mútua implicação. A palavra exprime o pensamento e este se encarna na palavra.[9]

O processo de revelação do real empreendido pela linguagem é uma obra já feita e ainda por fazer. O homem é convocado a entrar nesse movimento revelador, no seio do espaço cultural, para deixar aí as marcas da sua presença. É nesse diálogo travado no seio da experiência, em que se situam as tarefas humanas, que se constrói a história da humanidade. A linguagem é o lugar habitual do encontro humano. É o meio pelo qual traduzimos a nossa experiência do mundo e a comunicamos pela palavra. A palavra configura, dessa forma, o ponto de encontro de um processo iluminador que se projeta sobre o real para dar-lhe sentido. Isto significa que

[8] P.P., p. 209.
[9] Cf. id.

a história resulta desse mesmo processo de diálogo que travamos com o mundo pelo qual buscamos realizar-nos no exercício da razão e da liberdade. Por isso, há um sentido na história que vamos construindo entre trabalhos, alegrias e dores, que consiste na busca do sentido e no respeito à liberdade.

Comportamento e linguagem: uma dialética viva

Se a Filosofia se dá por tarefa explicitar as relações vividas que se tecem entre o homem e o mundo, esse fato a leva a pôr o problema essencial da relação entre o homem e a linguagem. Se somos coexistência, um existir com os outros no mundo, este só atinge seu significado próprio pela nossa presença, ao mesmo tempo em que nos tornamos nós mesmos pelo intercâmbio que com ele realizamos pelo nosso corpo. Tal a tese que desenvolvemos ao longo deste escrito, expondo as posições de Merleau-Ponty sobre a percepção como revelação do mundo. É pelo homem que o mundo atinge seu significado próprio e é pela mediação do mundo que nossa existência alcança sua realização. É a tese bem conhecida da intencionalidade pela qual a consciência humana, no contato com a realidade, convoca-a para o sentido. O comportamento que a revela também a exprime. O sentido instaurado pela nossa presença no mundo é mais amplo que o sentido proferido na palavra, como já afirmamos anteriormente em várias passagens. Essa tese o nosso filósofo a estabelece na reflexão sobre o corpo como expressão e fala, tendo como pano de fundo a análise fenomenológica da experiência originária do homem como ser-no-mundo. Existimos no mundo na condição de seres cuja tarefa é revelá-lo, ou seja, manifestar o que ele é. Pode-se mesmo dizer que nisso consiste o significado da razão humana, que permite ao homem deixar legíveis, no seio do mundo, os vestígios da sua presença.

O comportamento humano é revelador de um sentido que as coisas incluem por estarem relacionadas com o homem como ser que *se comporta*. Por isso, o ato de revelação do mundo é linguagem que nasce, na bela expressão de Merleau-Ponty, "na gesticulação emocional pela qual o homem sobrepõe ao mundo dado o mundo conforme o homem".[10] A expressividade gestual já modela o mundo em dimensão humana.

Nossos comportamentos instituem significações transcendentes ao organismo, mas imanentes ao comportamento em si mesmo considerado.[11] Na variada escala das operações expressivas, a palavra representa um caso particular. Mas é a única capaz de criar um universo de cultura, o qual, uma vez estabelecido, vai formar a base para novas significações. É esse caminho que trilham os que têm por missão promover, pela expressão, o espaço significativo criado pela palavra, pois ela é "o excesso da nossa existência sobre o ser natural".[12]

Como ato de transcendência, ela é movimento na direção do real para desvelá-lo e desvelar-se, manifestar-lhe o sentido e manifestar-se como atividade significante. Neste labor, organizamos e fazemos progredir a ciência, a arte e o pensamento em geral. Aqui, a palavra toma corpo nas produções culturais, tornando-as transmissíveis. Ora, esse processo torna-se possível precisamente porque estamos em situação de abertura para o mundo e para o outro. Tal é o horizonte no qual a linguagem se põe a caminho.

[10] P.P., p. 219.
[11] Id., p. 221.
[12] Ibid., p. 229.

A palavra de ordem husserliana de "volta às coisas" significa para o nosso filósofo voltar-se para o mundo que existe antes do conhecimento e do qual todo conhecimento necessariamente parte. Pode-se ver nesse ato uma forma de profundo descentramento infligido à consciência pela negação que implica da sua pretensão à transparência total e à plena posse significativa de si. O irrefletido, sempre suposto pela reflexão, não pode ser assumido inteiramente por ela. O pensamento esbarra invariavelmente na opacidade desse pressuposto, que está sempre já aí, quando nos pomos a refletir. Com isso, contesta-se o poder regulador da consciência em relação ao sentido. Não se deve concebê-la como posse exaustiva de si e centro de toda significação. Realmente se há uma apoditicidade do *cogito*, não há adequação dele consigo mesmo. Numa passagem muitas vezes citada na *Fenomenologia da Percepção*, Merleau-Ponty afirma sem meias palavras:

> Se posso falar de "sonhos" e de "realidade", interrogar-me sobre a distinção entre imaginário e real, e colocar em dúvida o "real", é porque tenho uma experiência tanto do imaginário como do real e o problema então consiste... em explicar nosso saber primordial do "real", em descrever a percepção do mundo como aquilo que funda para sempre nossa ideia de verdade. Não se deve, portanto, perguntar se percebemos verdadeiramente o mundo, mas ao contrário dizer: o mundo é aquele que nós percebemos.[13]

Essas afirmações recebem todo o seu significado à luz da célebre asserção que lemos à página 344 da mesma obra, na qual o autor rejeita a tese idealista da reflexão total em que ser e

[13] P.P., p. XI.

pensamento encontrar-se-iam plenamente identificados. Cito-a no original para manter força lingüística do enunciado. *"Le veritable cogito n'est pás le tête à tête de la pensée avec la pensée de cette pensée: elles ne se rejoignent qu'à travers le monde."* Em outras palavras: todo o esforço da reflexão filosófica se traduz no ato de voltar-se para a realidade captada pela atividade perceptiva, na tentativa de compreendê-la, explicitando os significados que ela assume para nós.

Não há reflexão sem a apreensão perceptiva do mundo pela mediação do nosso corpo. Esta define a primeira etapa da reflexão fenomenológica que se completa numa segunda, que consiste em lançar luz sobre o modo de ser desse novo *cogito*, desvelando a sua estrutura de base. Esta tarefa Merleau-Ponty a descreve nas seguintes palavras: "Agora, depois que o campo fenomenal foi suficientemente circunscrito, entramos nesse domínio ambíguo e aí asseguramos nossos primeiros passos com o psicólogo, esperando que a autocrítica do psicólogo nos conduza por uma reflexão de segundo grau ao fenômeno do fenômeno e converta decididamente o campo fenomenal em campo transcendental".[14]

Parece-me que a noção merleau-pontyana de comportamento se mostra muito eficaz para dar razão da existência como existência encarnada. Evidentemente ela nada tem a ver com a noção behaviorista de comportamento, que o reduz à sua dimensão fisiológica, como resposta do organismo aos estímulos ambientais em vista de sua adaptação ao meio. Uma concepção, portanto, claramente objetivista. O comportamento na linha de

[14] P.P., p. 77.

Merleau-Ponty nada tem de um processo anônimo, mas designa o modo específico de o sujeito humano exercer a sua existência. Definir o homem pelo comportamento é defini-lo pela revelação do sentido que institui pela sua presença no seio do mundo. Próximo e familiar das coisas, o comportamento humano faz surgir nelas, no ato de visá-las, os múltiplos sentidos que vão povoar a sua experiência. Os atos expressivos do homem, constitutivos dos sentidos, constituem igualmente seu próprio ser, que se realiza no intercâmbio com o mundo pela ação e pela palavra.

Ligado corporalmente ao mundo, o homem o ultrapassa pelos seus atos significativos. Revelamos e dizemos os sentidos do real na medida em que o transcendemos na sua condição de simples coisa aí presente. Conceber o homem como comportamento equivale, portanto, a abandonar os privilégios da consciência em cujo centro o pensamento acostumara-se a colocá-lo.

Como comportamento-discurso, o existente humano não se revela, em primeira instância, como um sujeito cognoscente porque a relação homem-mundo tem um caráter prático que antecede à conceitualização. O comportamento humano é em si mesmo significativo, pelo próprio fato de ser comportamento de um ser que se define como *lumen naturale*, luz natural que se projeta sobre o real para revelá-lo.

Toda reflexão se exerce no interior de uma experiência pré--reflexiva, que já é dotada de uma significação, embora não formulada, dada pela presença do homem na realidade pelo seu corpo. Insere-se aqui o importante problema da dialética entre sentido estabelecido e sentido preferido. O sentido estabelecido pelo comportamento articula-se, como em sua base, ao sentido proferido pela palavra.

Conclusão

Ao caracterizar o sujeito humano na sua condição carnal, Merleau-Ponty estabelece a consciência no seu movimento em direção das coisas para aí constituir o sentido e, simultaneamente, pela mediação delas, constituí-lo em si mesmo e nos outros. Em outros termos, a consciência não deve ser definida como interioridade pura, mas antes como consciência encarnada que se presentifica no mundo pelo corpo. Mostra-se, em tal posição, que uma filosofia do sujeito, que leva a sério a sua condição carnal, só poderia ser elaborada sobre os fundamentos de uma filosofia do comportamento entendido no seu sentido existencial. A razão está no fato de que não se deve separar o sujeito do mundo, sob pena de não termos em mãos senão um sujeito exangue e um mundo petrificado numa objetividade pura.

Sob esse prisma, o ser-no-mundo apresenta-se como o plano originário onde o homem, no seu corpo e na linguagem da sua carne, celebra o enlace que o une ontologicamente ao real. Assim todas as significações que brotam, em admirável surto, ao longo de nossa caminhada na história, vão-se entrelaçando e unindo para projetar o complexo horizonte do mundo, lugar de nossos projetos e da realização de nossa liberdade. Assim a interpretação fenomenológica de *encarnação* – primeiro componente da categoria antropológica da historicidade, conduzida exemplarmente por Merleau-Ponty –, desvenda-nos de um lado a atividade perceptiva como revelação do mundo e, de outro, confere novamente à percepção uma dignidade filosófica perdida há muito tempo.

Em vez de permanecer encerrada em si mesma, a consciência abre-se à dimensão perceptiva, ao plano da vida comum, e rompe com a oposição entre percepção e pensamento. Na esfera da dimensão pré-predicativa da consciência, a percepção é entendida como referência ao mundo que, "por princípio não se aprende senão através de alguns de seus aspectos", como o nosso filósofo disse na célebre comunicação à Societé Française de Philosophie, que tem como título *O primado da percepção e suas consequências filosóficas* (sessão de 23 de novembro de 1946). Aí se afirma também que a unidade da coisa percebida é a de "uma totalidade aberta ao horizonte de um número indefinido de vistas perspectivas" (p. 123). Não existe mais um *cogito* que opera exclusivamente na ordem intelectual sem contato com a experiência, ao mesmo tempo em que se resgata a dimensão da intersubjetividade, que readquire seu valor existencial, pois, pela intencionalidade, passamos a coexistir no interior de um mesmo mundo. Aqui se abre a interminável busca humana da verdade, porque não se pode renunciar à esperança de alcançá-la de alguma forma, mais além das tomadas de posição divergentes, como ele diz. com essa esperança que construímos o mundo da cultura e da civilização.

REFERÊNCIAS

MERLEAU-PONTY, M. *Phenomenologie de la Perception*. Paris : Gallimard, 1945.
_____. *Sens et non-sens*. Paris: Nagel, 1948.
_____. *Signes*. Paris: Gallimard, 1968.
_____. *L'ocil et le spirit*. Paris: Gallimard, 1963.
_____. Textos selecionados, seleção dos textos, traduções e notas de Marilena de Souza Chauí, col. Os Pensadores, Abril Cultural, 1980.

_____. *Le Visible et l'invisible*, suivi de notes de travail par M. Merelau-Ponty, texte établi par Claude Lefort, accompagné d'un avertissement et d'une Postface, Gallimard, Paris, 1964.

DE WAELHENS, A. *Une philosophie de l'ambiguité: L'existencialisme de M. Merleau-Ponty*. Bibliothéque Philosophie de Louvain, 1970, 4ª ed.

LEFORT, C. Posfácio à edição de *Visible et L'invisible*, Gallimard, Paris, 1964.

RICOEUR, P. *A região dos filósofos*. Leituras, trad. de Marcelo Perine, Ed. Loyola, 1998.

10

A Moral em Sartre: Uma Porta para o Impossível?

Luis Claudio Pfeil

"*Qu'est-ce que je vais faire à présent?*"*
J.-P. Sartre, *La nausée*

Um fenomenólogo exemplar conectado à vida concreta

Antes de tratarmos diretamente do nosso tema, duas coisas parecem-nos imprescindíveis para toda e qualquer abordagem da obra de Sartre. Primeiramente, com Sartre estamos em presença constante de uma fenomenologia. Com efeito, devemos a Sartre não só o fato de ter compreendido a importância da fenomenologia e ter-lhe aberto caminhos, mas sobretudo de tê-la realizado radicalmente: dizemos *radicalmente*, pois em momento algum Sartre deixa de ser fenomenólogo. Todas as descrições feitas por ele em sua extensa obra movem-se *inteiramente* no oceano de investigação inaugurado por Edmund Husserl no despertar do século XX.

---

* "O que vou fazer neste momento?". (N.R.)

Sartre, por assim dizer, é um *banho* de fenomenologia, um fenomenólogo integral, por excelência. Um professor de fenomenologia da Sorbonne, certa vez referindo-se a Sartre em aula, disse: "Há certos fenomenólogos que se dizem fenomenólogos, mas que já jogaram a toalha há muito tempo... Sem sombra de dúvida, Sartre é *nosso* fenomenólogo, e todas as críticas que a ele possamos endereçar são por amor...". Entendamos aqui *por amor à descrição fenomenológica*. E, nessa descrição, diremos com a expressão popular, Sartre *deu um banho*. Outro ponto imprescindível é o seguinte: com Sartre nos deparamos com uma filosofia que fala do homem concreto, do homem das ruas, dos bares, das greves, dos jogos, dos escritórios, das fábricas, dos movimentos políticos, dos conflitos, das guerras, das relações afetivas, dos enlaces sexuais etc. Em Sartre, o rigor fenomenológico anda de mãos dadas com o cotidiano. Nesse sentido, parafraseando o professor da Sorbonne, todas as críticas que fazemos a Sartre são não só por amor à reflexão fenomenológica, mas também, e fundamentalmente, por amor à vida concreta. É o que faz de Sartre, antes de tudo, um pensador palpitante: ele pensa, escreve, fala, trabalha, luta, constrói em comunicação direta com cada um de nós, em nossa existência mais imediata. E se Sartre se nos apresenta como um intelectual multifacetado – filósofo, romancista, dramaturgo, ensaísta, roteirista – é sempre em busca de compreender como os critérios, princípios e valores se relacionam com o indivíduo concreto. "É um rapaz sem importância coletiva, é simplesmente um indivíduo", diz o verso de Louis-Ferdinand Céline, que serve de epíteto em *A náusea*. Pois bem: o que está de fato em questão para Sartre é *simplesmente* um indivíduo. Toda a vida e obra de Sartre não fazem senão bradar a seguinte ideia: não adianta discutir a teoria sem discutir como ela é vivida na ação. Não se pode pensar o homem em termos abstratos: o homem é um fazer, um *se fazer*.

Na trilha de Husserl

Em sua fenomenologia – e aqui reportamo-nos tanto à introdução a *O ser e o nada* como ao artigo "Uma ideia fundamental da fenomenologia de Husserl: a intencionalidade"[1] –, Sartre mostra todo o interesse da filosofia husserliana: o que aparece (fenômeno, relativo) não mais se opõe a *algo que se esconderia por detrás da aparição* (ser numênico, absoluto). A aparência não é uma espécie de pele superficial, face visível, aspecto exterior do ser: ela é o *ser mesmo*. A aparência não *escamoteia* a essência, ela a revela. Portanto, aparecer é a medida do ser: o que aparece é o ser como tal. Com o perdão da ortografia, diremos que o aparecer é um *apare-ser*. Eis o grande princípio, a declaração pragmática e metodológica em torno da qual toda a análise de Sartre vai se desenvolver. *O ser e o nada* trata de ponta a ponta da questão do ser: *o que é o ser para a consciência?* O método consiste, pois, em descrever o que a consciência está vivendo, suas vivências, o que *se lhe* aparece: o fenômeno não é uma aparência no sentido de uma *ilusão* – como no dito popular, *nem tudo que brilha é ouro* –, mas *exatamente* o que aparece, esse puro aparecer como a consciência mesma. Fim definitivo, portanto, do dualismo clássico aparência/essência.

A presença (paradoxal) da ética em Sartre

A presença da ética na obra de Sartre dá-se de maneira um tanto paradoxal. Em que consiste esse paradoxo? Vejamos. Por um lado, a ética ocupa um lugar central no pensamento sartrea-

---

[1] in *Situations philosophiques I*.

no, a tal ponto que quase todas as objeções feitas a ele têm uma conotação ético-política. Entende-se, portanto, que na conferência *O existencialismo é um humanismo*, de 1945, em que procura rebater as críticas ao existencialismo, Sartre tenha focado suas considerações na moral. Por outro lado, é difícil localizar em sua obra um lugar específico em que o tema aparece. Ou seja, a obra de Sartre é perpassada de ponta a ponta pela preocupação ética – ela é claramente o centro de sua reflexão –, mas a elaboração de uma ética como tema propriamente dito é permanentemente adiada e esboçada em manuscritos, que Sartre não quis publicar. O projeto de elaboração de uma moral é anunciado por ele nas últimas linhas de *O ser e o nada* (1943), num tópico intitulado "Perspectivas morais":

> A ontologia não pode formular *per se* prescrições morais. Consagra-se unicamente àquilo que é, e não é possível derivar imperativos de seus indicativos. Deixa entrever, todavia, o que seria uma ética que assumisse suas responsabilidades em face de uma realidade humana em situação. (...) Todas essas questões (...) só podem encontrar sua resposta no terreno da moral. A elas dedicaremos uma próxima obra.[2]

Sartre chegou a redigir algo em torno de duas mil páginas, mas engavetou-as por mais de uma década. Retomou o projeto nos anos 60, abandonando-o novamente para dedicar-se à sua obra sobre Flaubert (*L'idiot de la famille*), não levando a termo o projeto anunciado. Os fragmentos sobre a moral foram publicados postumamente com o título *Cahiers pour une morale*.

---

[2] *O ser e o nada*.

Ontologia sartreana: transcendência e liberdade

A moral sartreana é um desdobramento imediato da ontologia desenvolvida em *O ser e o nada*, norteada pelo conceito husserliano de *intencionalidade*. A consciência, diz Husserl, é sempre *consciência de* alguma coisa, isto é, o *estar voltado para* é que a constitui propriamente, em sua essência. O termo *consciência* designa pura e simplesmente essa orientação, essa intenção, esse perpétuo direcionamento para *o outro que não si mesmo*. Fora esse transcender-se, a consciência nada é, consiste num vazio total. O método fenomenológico – que ao mesmo tempo é uma crítica ao cientificismo, ao objetivismo, à reificação da consciência – consiste em revelar uma existência concreta, um sujeito concreto que é justamente *transcendência*, isto é, que está mais além de sua simples presença material e imediata no mundo. Transcendência, naturalmente, não como ultrapassagem *vertical*, para *cima*, para *outro* mundo. No sentido fenomenológico, a expressão *transcendência da consciência* designa simplesmente que consciência é, em essência, *ultrapassagem de si mesmo* rumo ao seu próprio futuro. Isto é, o modo de ser da consciência não é idêntico ao das coisas: estas *são o que são* (uma cadeira, uma mesa, não se percebem como tal, não são consciência justamente!); já a consciência *é o que não é* (ser consciência *é não ser coisa*, mas sim consciência de coisa!). O que equivale dizer que a consciência não é *algo em si*: seu ser é sempre *para-ser, para-si*. Fora esse *explodir-se para, não sobra nada* que pudesse ser chamado de consciência: *consciência é puro aparecer*, é fenômeno.

A consciência é clara como um grande vento, nada mais há nela, salvo um movimento para se escapar, um resvalamento para fora de si; se, ainda que impossível, vocês entrassem 'em' uma consciência, seriam tomados por um turbilhão e lançados para fora, próximos à árvore, em plena poeira, pois a consciência não tem 'dentro'; ela nada é senão o fora de si mesma e é essa fuga absoluta, essa recusa de ser substância que a constitui como uma consciência.[3]

Essa recusa de ser substância, essa negação radical de ser *exatamente o que se é* ("como uma pedra, uma mesa, uma couve-flor") é o ser próprio da consciência: essa recusa ou negação radical de ser, Sartre a nomeia *liberdade*. Liberdade em termos sartreanos não é uma propriedade do homem, ou algo a ser conquistado por ele: o homem *é* liberdade. Liberdade não de obtenção, mas de escolha. O homem é totalmente livre, isto é, não sê-lo não é para o homem uma possibilidade, visto que a liberdade é o *tecido* (*étoffe*) do homem, a *trama* de que é feito, seu *ser mesmo*. Daí a liberdade constituir para o homem uma espécie de condenação: "O homem é condenado a ser livre", eis o *leitmotiv* do pensamento de Sartre. Quer dizer, a liberdade não é algo que o homem pode adquirir, possuir ou perder ao sabor dos acontecimentos: homem e liberdade são o mesmo. "O homem não é *primeiro* para ser livre *depois*: não há diferença entre o ser do homem e seu 'ser-livre'".[4] A liberdade é o ser mesmo do homem, seu modo de ser essencial: o homem é liberdade de ponta a ponta. "O homem não poderia ser ora livre, ora escravo: é inteiramente sempre livre, ou não o é".[5]

Poderíamos objetar a Sartre: "No entanto, a liberdade tem limitações". Não, diz-nos Sartre, nada, absolutamente nada, pode cercear a liberdade. Todos os constrangimentos, limitações, obstáculos de uma dada situação – os quais Sartre denomina "coeficiente de adversidade"

---

[3] *Situations I*, "Uma ideia fundamental da fenomenologia de Husserl: a intencionalidade". [4] *O ser e o nada*, p. 68.
[5] Ibid., p. 545.

–, sejam eles de ordem biológica, material, social, política, geográfica, econômica, cultural etc., são única e exclusivamente frutos da liberdade. Ou seja, na visão sartreana, não é a situação que limita a liberdade, mas é a liberdade que determina uma situação. Sartre esclarece:

> O coeficiente de adversidade das coisas, em particular, não pode constituir um argumento contra nossa liberdade, porque é *por nós*, ou seja, pelo posicionamento prévio de um fim que surge o coeficiente de adversidade. Determinado rochedo, que demonstra profunda resistência se pretendo removê-lo, será ao contrário preciosa ajuda se quero escalá-lo para contemplar a paisagem. Em si mesmo – se for sequer possível imaginar o que ele é em si mesmo –, o rochedo é neutro, ou seja, espera ser iluminado por um fim, de modo a se manifestar como adversário ou auxiliar.[6]

As coisas, portanto, são definidas pelo sentido que têm *para* o homem. O mundo é humano e mesmo aquilo que tem de natural já possui um sentido. Compreender o mundo, dizia Camus, é reduzi-lo ao homem. Eis porque *o existencialismo é um humanismo*, um humanismo radical. A existência sempre vai ser definida, não por algo dado e inerte, mas exclusivamente pelas possibilidades humanas: o rochedo é para mim aquilo que eu projeto fazer dele. Todo homem, diz Sartre, é projeto, porque inventa o que já é a partir do que não é. Em outras palavras, fazendo o que quer que seja, o homem se faz, escolhe si mesmo.

Liberdade: origem da ação e do valor

Desse modo, a liberdade é para Sartre a condição indispensável e fundamental da ação. De fato, toda ação implica para a consciência

---

[6] Ibid., p. 593-594.

a possibilidade permanente de operar uma ruptura com seu próprio passado. Contrariamente às abordagens da Sociologia e Psicologia empíricas, a ação não é provocada por uma causa necessária anterior. Toda ação é afirmação de um sentido, é *intencional*. A intencionalidade implica necessariamente o tema da temporalidade: visando um fim, a consciência que age visa um inexistente, um irreal (futuro) que ela deseja instaurar. Portanto, o que esclarece uma ação não é o retorno a um motivo anterior, passado, dado, acabado, mas sim a antecipação de uma realidade futura. Vejamos este exemplo:

> Se aceito um mísero salário, é sem dúvida por medo – e o medo é um móbil. Mas é *medo de morrer de fome*; ou seja, este medo só tem sentido fora de si, em um fim posicionado idealmente, que é a conservação de uma vida que apreendo como "em perigo". E este medo, por sua vez, só se compreende em relação ao valor que dou implicitamente a esta vida, ou seja, refere-se a esse sistema hierarquizado de objetos ideais que são os valores. Assim, o móbil ensina o que ele é por seres que "não são", por existências ideais e pelo devir. Assim como o futuro retorna ao presente e ao passado para iluminá-los, também é o conjunto de meus projetos que retrocede para conferir ao móbil sua estrutura de móbil. É somente porque escapo ao em-si nadificando-me rumo às minhas possibilidades que este em-si pode adquirir valor de motivo ou móbil. Motivos e móbeis só têm sentido no interior de um conjunto projetado que é precisamente um conjunto de não existentes. E este conjunto é, afinal, eu mesmo como transcendência, eu mesmo na medida em que tenho de ser eu mesmo fora de mim".[7]

Vemos, portanto, que, para Sartre, a ação é uma autocriação: como projeto, o ato escolhe seus fins, os quais refluem sobre o ato

---

[7] Ibid., p. 540-541.

conferindo-lhe seu sentido. Ou seja, a fonte originária da ação é a liberdade. O mesmo ocorre com os valores. Espinosa, cabe-nos lembrar, foi o primeiro a romper com o objetivismo psicológico tradicional, dando total primazia ao desejo: não é porque um objeto possui um valor objetivo e transcendente que nós o desejamos; ao contrário, é porque o desejamos que ele possui tal valor. Sartre, ao seu modo, repete esse gesto ao afirmar que é pela realidade humana que o valor surge no mundo: nada faz existir um valor, senão a liberdade que ao mesmo tempo nos faz existir. Somos nós que *fazemos* o sentido da situação, porquanto o valor da mesma depende única e exclusivamente do que nós mesmos projetamos como fim. "Eu lido com minha feiúra", dizia Sartre, isto é, eu atribuo um sentido a ela. É por meio dessa atribuição que o indivíduo se constitui e o fato se constitui. Cada um de nós arbitra seus valores. Nada nem ninguém nos obriga a nada. A prova disso são os recalcitrantes: só há transgressão na perspectiva de um ser livre, livre para acatar ou desobedecer. Se me submeto a uma lei não é porque ela tem autoridade sobre mim. Esta visão é simplista, superficial. É justamente o contrário: é porque me submeto que ela tem autoridade sobre mim. Assim, submeter-se a uma lei não significa curvar-se mecanicamente sob a "força de uma coerção externa", como diria Durkheim, mas submeter-se a um imperativo do qual somos fundamento na medida em que a ele atribuímos tal valor: *isso deve ser respeitado.*

O valor extrai seu ser de sua exigência, não sua exigência de seu ser. Portanto, não se entrega a uma intuição contemplativa que o apreenderia como *valor* e, por isso mesmo, suprimisse seus direitos sobre minha liberdade. Ao contrário: o valor só pode se revelar a uma liberdade ativa que o faz existir como valor simplesmente por reconhecê-lo como tal. Resulta que minha liberdade é o único fundamento dos valores e *nada,* absolutamente nada, justifica minha adoção desta ou daquela escala de valores. Como ser pelo qual os valores existem, sou injustificável.[8]

Chegamos aqui ao que nos parece ser o ponto nevrálgico da obra sartreana, nosso tema propriamente dito. A partir do momento em que Sartre estabelece em *O ser e o nada* que a liberdade é o fundamento exclusivo de todas as ações e valores, somos levados a crer que as portas para uma ética da liberdade, isto é, para uma filosofia da livre ação fundamentada por critérios de escolha, abrem-se diante de nós. E o anúncio de uma moral, feito por Sartre no final de sua obra, revela-se dos mais promissores. Todavia, como já notamos, tal projeto foi reiteradamente esboçado sem ser jamais concluído.

A responsabilidade: o homem é sem desculpa

Nos fragmentos publicados postumamente (1983) com o título *Cahiers pour une morale*, Sartre desenvolve uma crítica contundente da filosofia moral de Kant, dos valores transcendentes e, sobretudo, do dever. A moral de Sartre, desdobramento imediato da análise ontológica de *O ser e o nada*, reside fundamentalmente na substituição da noção de dever pela ideia de responsabilidade. O que é para Sartre *responsabilidade*? Vejamos. A liberdade sendo vivida como uma condenação – não se pode optar por não ser livre, ser homem e ser livre são uma coisa só:

[8] Ibid., p. 82-83.

> (...) o homem carrega nos ombros o peso do mundo inteiro: é responsável pelo mundo e por si mesmo como maneira de ser. Tomamos a palavra "responsabilidade" em seu sentido corriqueiro de "consciência (de) ser o autor incontestável de um acontecimento ou objeto". (...) Se sou mobilizado em uma guerra, esta guerra é *minha* guerra, é feita à minha imagem e eu a mereço. Mereço-a, primeiro, porque sempre poderia livrar-me dela pelo suicídio ou pela deserção: esses possíveis últimos são os que devem estar sempre presentes a nós quando se trata de enfrentar uma situação. Por ter deixado de livrar-me dela, eu a *escolhi*; pode ser por fraqueza, por covardia frente à opinião pública, porque prefiro certos valores ao valor da própria recusa de entrar na guerra (a estima de meus parentes, a honra de minha família etc.). De qualquer modo trata-se de uma escolha. (...) Portanto, se preferi a guerra à morte ou à desonra, tudo se passa como se eu carregasse inteira responsabilidade por esta guerra.[9]

De onde se conclui que, frente a todas as coisas e fatos que sucedem, "devo ser sem remorsos nem pesares, assim como sou sem desculpa, pois, desde o instante do meu surgimento ao ser, carrego o peso do mundo totalmente só, sem que nada nem ninguém possa aliviá-lo".[10] Portanto, a responsabilidade é para Sartre a assunção de uma situação, e essa assunção se nos é apresentada – ainda que talvez o próprio Sartre não concordasse com o termo – como um *imperativo*, qual seja: já que somos condenados a ser livres, *nós devemos assumir nossa liberdade*, isto é, assumir nossas escolhas e reivindicar as consequencias de nossos atos. É o que caracteriza para Sartre a autenticidade. Eis, portanto, o único imperativo sartreano: sê responsável!

---

[9] Ibid., p. 678-679.
[10] Ibid., p. 680.

O problema

A partir daí colocamos a seguinte questão: baseado em quê, em virtude de qual critério, qual valor, é preferível ser responsável do que fugir de nossa responsabilidade? Se vasculharmos escrupulosamente *O ser e o nada*, ou ainda *Cahiers pour une morale*, chegaremos à seguinte conclusão: Sartre não nos fornece nenhuma resposta. Pelo contrário: seu objetivo é mostrar que os valores, sendo absolutamente fundamentados pela liberdade (a qual não tem fundamento), são na verdade sem fundamento nenhum, ou seja, são totalmente gratuitos. O que faz a diferença, diz Sartre, não é o objetivo real, mas sim o que ele chama de "grau de consciência do objetivo ideal":

> Todas as ações humanas são equivalentes. (...) Assim, dá no mesmo embriagar-se solitariamente ou conduzir os povos. Se uma dessas atividades leva vantagem sobre a outra, não o será devido ao seu objetivo real, mas por causa do grau de consciência que possui de seu objetivo ideal; e, nesse caso, acontecerá que o quietismo do bêbado solitário prevalecerá sobre a vã agitação do líder dos povos.[11]

Recolocamos o problema: se, como propõe Sartre, todos os valores se equivalem – no sentido de que não têm outro fundamento senão a liberdade (a qual não tem fundamento) – em função do quê escolher tal valor em detrimento de outro? Um Pinochet *lúcido* levaria vantagem sobre um altruísta *leviano* e pouco *vigilante*? Se tudo é gratuito, por que lutar contra a opressão, o fanatismo, o obscurantismo, o racismo, o autoritarismo, o terrorismo? Por que preferir a liberdade

[11] Ibid., p. 764.

à escravidão? Essas questões permanecem em suspenso na obra de Sartre. Tal silêncio causa-nos ainda mais estupefação por tratar-se do próprio Sartre, pensador da vida concreta, figura emblemática do intelectual engajado, incansável defensor da liberdade, da igualdade social, que defendera com unhas e dentes a independência da Argélia, que panfletava nas ruas, que discursava de improviso em praça pública em apoio aos trabalhadores, que aderira aos movimentos estudantis de maio de 1968, ao marxismo, que recusara o prêmio Nobel, que tomava posição em relação a tudo e a todos. A pergunta que fazemos a Sartre é a seguinte: se tudo é gratuito, por que tanta luta, Sartre? Por que abrir tantas portas se, de antemão, todos os caminhos se equivalem?

Conclusão

Vemos que essa questão moral permanece inteira em Sartre. Acreditamos que, se o projeto de uma filosofia moral, anunciado no fim de *O ser e o nada*, permaneceu inacabado, não foi por razões contingentes, pessoais, mas por razões essenciais inerentes à maneira mesma como Sartre faz repousar a questão moral sobre sua ontologia. Na verdade, a impossibilidade de elaboração de uma ética efetiva em Sartre é *posta* unicamente pelo próprio Sartre. O Sartre que traz radicalmente à luz que "o homem é o ser pelo qual os valores existem"[12] é também aquele que, ao atribuir à liberdade o dever de "pôr um fim ao reino do valor",[13] parece propulsar o homem a uma tarefa impossível. Não obstante, é da boca do próprio Sartre que ouvimos que "não há doutrina mais otimista que o existencia-

---

[12] Ibid., p. 764.
[13] Ibid., p. 765.

lismo",[14] visto que o destino do homem está radicalmente em suas mãos: nada *fora* dele, nenhum valor transcendente, pode dar sentido à sua existência. Só há esperança na ação. É o que parece ter compreendido Roquentin, personagem central do romance *A náusea*: malgrado a gratuidade da existência, ele opta por escrever livros em vez de deixar-se consumir triste e resignadamente pela *viscosidade* e a *náusea*. Como se, nessa escolha, Roquentin encarnasse o único *mandamento moral* de Sartre: "Sois liberdade, inventeis!"

REFERÊNCIAS

SARTRE, J.-P., *L'être et le néant, Essai d'ontologie phénoménologique*. Paris: Gallimard, 1943, 1994.

_____. *O ser e o nada. Ensaio de ontologia fenomenológica*, tradução e notas de Paulo Perdigão. Petrópolis: Ed. Vozes, 1997.

_____. "Une idée fondamentale de la phénoménologie de Husserl: l'intentionnalité", in *Situations philosophiques I*. Paris: Gallimard, 1939, 1990.

_____. *L'existentialisme est un humanisme*. Paris: Gallimard, 1945, 1996.

_____. *O existencialismo é um humanismo*. São Paulo: Abril Cultural.

_____. *Cahiers pour une morale*. Paris: Gallimard, 1983.

_____. *Critique de la raison dialectique, tome I: Théorie des ensembles pratiques*. Paris: Gallimard, 1960, 1985.

---

[14] *L'existentialisme est un humanisme*, p. 56.

11

A Má-fé na Analítica Existencial Sartriana

*Jorge Freire Povoas**

Má-fé: uma atitude negativa interna

O homem se revela existencialmente para Sartre por meio de vários tipos de condutas. Elas podem ser interrogativas, negativas, afirmativas e outras mais. A conduta para a qual será direcionada esta investigação tem como característica ser uma atitude negativa interna. As condutas negativas manifestam-se em duas instâncias temporais distintas: elas se revelam na relação consigo mesmo e na relação com o *outro*. Uma atitude é externa quando é negado algo para outra pessoa, por ser voltada para fora da consciência, para outrem, para o mundo. Proibir alguém, por exemplo, de praticar uma ação é negar sua possibilidade de liberdade, de *transcendência*, por ser uma ação que "limita" o *outro*, já que o *outro* está condicionado ao poder de quem decide. O que se pratica nesse tipo de negação é a impossibilidade da realização do projeto de *outro* ser. De forma parcial

---

* Mestre em Filosofia pela UFBA.

ou total, está proibindo-se, vetando e anulando a *transcendência* do *outro*. A negação se revela como nadificação ao transformar o *outro* em *nada* e, dessa forma, seu projeto é negado. O *outro* é nadificado pelo "não". Portanto, essa negação é direcionada para outra consciência, em outra temporalidade. A conduta negativa externa não é constatada, pois o "não" se manifesta como impossibilitador da vontade do *outro*. Se o "não", na conduta negativa externa, se manifesta para outra consciência, na conduta negativa interna o mesmo não assume outra perspectiva. Na conduta negativa interna, o "não" acontece na *imanência* da própria consciência, em uma mesma temporalidade. O que impera é o "não" a si mesmo. Ao adotar atitudes negativas contra si mesmo, o ser *para-si* direciona nessa "experiência fundamental" o "não" para si mesmo. A negação é interna quando o homem adota atitudes que se manifestam como nadificação do seu próprio ser. Ele se nadifica quando nega a si mesmo, tendo como finalidade fugir daquilo que o angustia. Se nas condutas externas o "não" é direcionado para outra consciência, o que se revela na conduta interna acontece no interior, ou seja, no "bojo" da consciência do próprio ser *para-si*. Em alguns homens, o "não" está presente perpetuamente no seu agir, como se o "não" estivesse preso ao seu ser, de forma que eles carregam consigo essa negatividade, que poderia perfeitamente ser enquadrada como categoria dos "homens de ressentimentos", na visão filosófica de Scheler.[1] Se, na negação externa, o homem não vivencia a experiência do *outro* ou daquele para quem ele negou, na conduta

---

[1] O *ressentimento*, para Scheler, consiste na negação dos valores. Aquele que nega a bondade e a beleza pratica o *ressentimento;* um homem de *ressentimento* é aquele que diz "não". O ser humano entra em contato com os valores pela intuição emocional, por isso sua ética é uma análise fenomenológica da experiência emotiva a respeito dos valores. Logo, o homem não cria valores; os valores são valores que independem da vontade humana.

negativa interna o homem tem a exata dimensão dessa negação; afinal, a conduta negativa interna leva o ser humano a um contato mais direto consigo mesmo, pois ela se revela no interior de sua própria consciência. Sua origem e finalidade direcionam-se para o mesmo alvo. Ela possibilita uma intervenção direta na própria consciência ao construir algo para ser acreditado, embora saiba de toda a verdade que busca esconder. Para Sartre, a *má-fé* é uma atitude "essencial", em que o homem direciona sua negação para si mesmo.

Convém escolher e examinar determinada atitude que, ao mesmo tempo, seja essencial à realidade humana e de tal ordem que a consciência volte sua negação para si, em vez de dirigi-la para fora. Atitude que parece ser a *má-fé*. (...) Costuma-se igualá-la à mentira. Diz-se indiferentemente que uma pessoa dá provas de má-fé ou mente a si mesma. Aceitemos que má-fé seja mentir a si mesmo, desde que imediatamente se faça distinção entre mentir a si mesmo e simplesmente mentir. Admitimos que a mentira é uma atitude negativa. Mas esta negação não recai sobre a consciência, aponta só para o transcendente (Sartre, 1997, p. 93).

Torna-se necessário, antes de investigar a atitude que volta sua negação para si mesma, ou seja, a *má-fé*, examinar uma outra atitude negativa, a *mentira*. Ela tem como sua principal característica buscar no *outro* a sua manifestação, por ser transcendente. Sua *transcendência* acontece na relação entre duas pessoas: um sujeito (aquele que mente) e o *outro* (aquele para quem a mentira é direcionada). Quando o homem mente, ele o faz para o *outro*, já que sua finalidade é buscar enganar alguém que ele não deseja que saiba da verdade. Ele busca enganar seu interlocutor. Do mesmo modo, aquele que mente conhece muito bem o que busca mentir, pois, ao elaborar um plano de conduta, ele o faz para que o *outro* não perceba as suas reais intenções e não para si mesmo. Mentir é adotar uma dupla ação negativa, afinal, quando o homem mente, ele está negando a si mesmo, ao construir uma outra verdade, e negando o *outro*, ao enganá-lo. Quando pratica a *mentira*, o homem tem plena consciência do que quer esconder e do seu modo de agir. Por isso mesmo, a consciência do mentiroso é plenamente conhecedora de todos os passos trilhados por ele. Passos calculados meticulosamente, para que a *mentira* não seja descoberta. Enquanto a consciência daquele para quem foi narrada a *mentira* só conhece o que acredita ser a verdade, a consciência do mentiroso é plenamente consciente de sua conduta. Esse tipo de ilusão é transcendente, por se manifestar na relação entre duas consciências. Costuma-se igualar, confundir a *má-fé* com a *mentira*. Reside na estrutura da *má-fé* uma importante diferença da *mentira*, embora sejam parecidas. Na *má-fé*, o homem direciona a *mentira* para si mesmo. Sua finalidade é esconder algo de que ele não quer ter consciência. A *mentira* se traduz em dois momentos na temporalidade: no projeto do enganador e na atitude do enganado; uma consciência que engana e outra que é enganada. Ao contrário, na *má-fé*, o que existe é apenas uma única consciência, sendo ela a que se autoengana. O enganador e o enganado são simplesmente uma única pessoa. Por ser consciente do que busca esconder, por mentir para si, a *má-fé* é aparentemente parecida com a *mentira*, mas ontologicamente diferente. A *má-fé* não carrega no seu "bojo" a *dicotomia* entre enganador e enganado, uma vez que ocorre numa mesma e única consciência. Por conta disso, a *má-fé* não tem origem fora da própria consciência de quem a utiliza. A consciência não transcende para se infectar de *má-fé*, pois esta não vem de fora da realidade humana. É a consciência em plena imanência infectando-se de *má-fé*. Por ser a consciência sempre consciente do seu projeto de ser, ela infecta a si mesma, não em dois momentos diferentes da temporalidade como no caso da *mentira*, mas em um único momento. A consciência é plenamente consciente da *má-fé*, visto que ser consciente é ter consciência (de), é saber conscientemente o que se busca esconder. Na *má-fé* não existe o *inconsciente* determinando seus passos. Uma consciência que não seja plenamente consciência de si, só pode ser inconsciente ou não consciente e por isso mesmo a consciência é sempre consciente. Se a *má-fé* acontecesse como uma conduta *inconsciente* do ser humano, ela seria apenas e unicamente uma *mentira*. Entretanto, não se deve confundir a *má-fé* com a *mentira*, pois apesar de possuírem a mesma estrutura, a *dualidade* ontológica faz a diferença. A *má-fé* é uma conduta negativa interna, por ser direcionada pela consciência para a própria consciência, manifestando-se em uma única temporalidade, no âmago do próprio ser. Já na *mentira* a negação é direcionada para o *outro*.

Como forma de atenuar as consequências de ser a consciência consciente, quando as condutas de *má-fé* se manifestam, o homem recorre ao inconsciente como forma de desculpar suas ações. Nesse sentido, a interpretação psicanalítica de Freud,[2] no entendimento sartreano, é uma tentativa do homem de "mascarar" a consciência para não ser consciente daquilo que busca esconder. Recorrer à interpretação psicanalítica de Freud para explicar a *má-fé* é o mesmo que atribuir à consciência que ela seja enganada pelos conteúdos ocultos no *inconsciente*. Dessa forma, o *inconsciente* poderia agir livremente sem a consciência para censurá-lo. Não seria mais

---

[2] Freud desenvolveu uma tríade composta por *id*, *ego* e *superego* para explicar os mecanismos da consciência. Vem do equilíbrio ou do desequilíbrio dessas três instâncias tudo o que está presente nas atitudes humanas, como, por exemplo, tentar explicar as atitudes de *má-fé* recorrendo a acontecimentos existentes no passado que ficaram no *inconsciente*.

a consciência determinante dos passos humanos. Eles agora seriam orientados pelo *inconsciente*, que controlaria como, quando e em que grau de intensidade de tais condutas deveria se manifestar. Contudo, se assim fosse, esta investigação terminaria neste ponto, pois as condutas de *má-fé* seriam atribuídas ao *inconsciente* que mentiria para a consciência, que não seria consciente ou responsável por suas condutas. É a volta à *dualidade* do enganador e do enganado, representadas na psicanálise pelo *id* e o *ego*. A consciência assumiria o papel de enganada ou *ego*, e o inconsciente seria o enganador, o *id*. Afirmar que a *má-fé* seja um impulso do *inconsciente* é negar a razão de ser da plena consciência. Ao roubar um livro, por exemplo, o ladrão é a sua vontade de possuir tal objeto, e, por isso mesmo, toma forma nele um desejo que pode ou não se concretizar. Eis um exemplo de Sartre em que essa questão é explorada.

(...) Por exemplo, sou este impulso de roubar tal livro dessa vitrine, formo corpo com esse impulso, ilumino-o e me determino em função dele a cometer o roubo. Mas não sou esses fatos psíquicos na medida em que os recebo passivamente e sou obrigado a erguer hipóteses sobre sua origem e verdadeira significação, exatamente como o cientista conjetura sobre a natureza e a essência de um fenômeno exterior: esse roubo, por exemplo, que interpreto como impulso imediato determinado pela escassez, o interesse ou o preço do livro que irei roubar, é na verdade um processo derivado de autopunição (...) (Sartre, 1997, p. 96).

Por exemplo, o ladrão poderia justificar sua ação, definindo ser ela consequência de convivências passadas ou presentes, ligações com pessoas que tenham cometido tal delito ou muitas outras desculpas atribuídas ao *inconsciente*, que serviriam para justificar sua conduta. No entanto, nada disso seria verdadeiro, uma vez que todo o acontecido se deu no campo da consciência. Todo o projeto de sua conduta foi consciente. Recorrer ao *inconsciente* para mudar a realidade dos fatos é negar sua responsabilidade. Ao recorrer ao *inconsciente*, a psicanálise não dá conta da questão da *má-fé*, pois para Sartre a consciência é *translúcida*. Ao negar que a consciência seja consciente, atribuindo aos acontecimentos um caráter de inconsciência, a *má-fé* poderia assim ser explicada. Afinal, não é o *inconsciente* que infecta a consciência de *má-fé* e sim a própria consciência que se autoinfecta. A consciência é sempre consciente, diante de suas possibilidades de concretizar a *má-fé*. Criar a ideia de que determinado comportamento existente não representa a vontade consciente é o mesmo que se colocar diante do acontecido, como o enganado se coloca diante do enganador. Seria como se alguém tivesse dito, por exemplo, que algo deve ter acontecido para que ele tenha praticado tal delito; ele nunca se comportou dessa forma, nunca fez isso; ele não sabe por que estava aqui, apenas acompanhava um amigo; tudo isso passou a acontecer depois que ele conheceu aquela pessoa. Nesse sentido, tudo estaria muito bem explicado. Ao se enganar sobre suas ações ou delegar a culpa de ser como é a sua *essência*, o ser *para-si* teria um destino pronto como ser *em-si*. De outro modo, o caminho que Sartre propõe é completamente racional, visto que a consciência é consciente de tudo o que fez, de tudo que deixou de fazer e de tudo o que fará. Não é no *inconsciente* que será encontrada a resposta para explicar a *má-fé*. Para validar a tese de como opera a consciência, ou a tese de sua não subordinação ao inconsciente Sartre cita outro exemplo:

> (...) o paciente mostra desconfiança, nega-se a falar, dá informações fantasiosas sobre seus sonhos, às vezes até se esquiva à cura psicanalítica. Porém, cabe indagar que parte do paciente

pode resistir assim. (...) Nesse caso, não se pode mais recorrer ao inconsciente para explicar a má-fé: ela está aí, em plena consciência, com suas contradições todas (Sartre, 1997, p. 97, 98).

A resistência que Sartre apresenta, por meio do paciente durante um tratamento psicanalítico, acontece pois o paciente percebe que seu psicanalista começa a dar indícios de estar se aproximando do cerne dos seus problemas psíquicos. Esse tipo de resistência se evidencia como consciência. A *censura* que se controla não pode ser entendida como pertencente à região do *inconsciente*. Logo, o paciente não poderia oferecer resistência alguma, a menos que estivesse consciente dos passos do seu psicanalista. A *censura* citada por Sartre vai determinar até onde o paciente permitirá que o psicanalista chegue. Como poderia o paciente reprimir as descobertas do psicanalista se ele não fosse consciente do que busca esconder? A *censura* se manifesta sob esse aspecto como *má-fé*, plenamente consciente do que busca censurar. Sartre vai recorrer à própria psiquiatria para analisar a interpretação psicanalítica de Freud a respeito do *inconsciente*. Para isso, cita o psiquiatra Wilhelm Stekel,[3] que contestou o *inconsciente* freudiano, determinando ser a consciência plenamente consciente.

> Toda vez que pude levar bastante longe minhas investigações, comprovei que o núcleo da psicose era consciente. Além disso, os casos a que alude em sua obra testemunham uma má-fé patológica de que o freudianismo não daria conta. Trata-se, por exemplo, de mulheres que se tornaram frígidas por

---

[3] Wilhelm Stekel, ao escrever "A mulher frígida", revela que muitos dos problemas relacionados ao *inconsciente* na verdade estão no plano consciente e que todo processo de bloqueio ou todo projeto é racional, porque existe consciência do que se quer bloquear.

decepção conjugal, ou seja, lograram mascarar o prazer buscado pelo ato sexual. Note-se, em primeiro lugar, que não se trata de dissimular complexos profundamente soterrados em trevas semifisiológicas, mas condutas objetivamente verificáveis que elas não podem deixar de constatar quando as realizam: frequentemente, de fato, o marido revela a Stekel que sua mulher deu sinais objetivos de prazer, os quais a mulher, interrogada, se empenha veementemente em negar (Sartre, 1997, p. 100).

A proposta psicanalítica do *inconsciente* não pode explicar a *má-fé*, pois a resistência que o paciente oferece durante sua análise é plenamente consciente. Se existe certa resistência do paciente contra as ideias trazidas por seu psicanalista, quando esse se aproxima dos seus problemas psíquicos, a origem deles não está no *inconsciente*. Para o paciente, por exemplo, desviar o rumo das investigações ao perceber que seu psicanalista se aproxima da origem de seu problema, é necessário que de alguma forma ele seja consciente do que busca esconder. Como poderia seu *inconsciente* perceber essa aproximação? A resposta está na *censura*. O paciente controlaria por meio da *censura* a forma como pode deixar ou não que seu psicanalista se aproxime do seu problema. Pela *censura*, retorna-se ao ponto de partida do enganador e do enganado, encontrado na *mentira*. Se, por exemplo, para desviar sua atenção e abster-se do prazer, uma mulher no ato sexual direciona seu pensamento para problemas do cotidiano, seria essa atitude tomada inconscientemente? Ou seria uma conduta de *má-fé*? Como falar em *inconsciente* diante da consciência? Sartre, assim responde:

> Estamos sem dúvida ante um fenômeno de má-fé, porque os esforços tentados para não aderir ao prazer experimentado pressupõem o reconhecimento de que o prazer foi experimen-

tado e que, precisamente, esses esforços o implicam *para negá-lo*. Mas não mais estamos no terreno da psicanálise. Assim, de um lado, a explicação pelo inconsciente, por romper com a unidade psíquica, não poderia dar conta de fenômenos que à primeira vista parecem dela depender. E, de outro, existe uma infinidade de condutas de má-fé que negam explicitamente tal explicação, porque sua essência requer que só possam aparecer na translucidez da consciência (Sartre, 1997, p. 100, 101).

Se a psicanálise, conforme investigado, não possibilitou o entendimento sobre a *má-fé*, torna-se necessário investigar, dentro da analítica existencial sartreana, outros elementos ontológicos que dão sustentação à *má-fé*. A possibilidade que a consciência tem de transcender permite ao homem exercer sua liberdade diante do seu real concreto. Nesse aspecto, a consciência revela o *vir-a-ser* da existência humana, dando sentido ao seu agir. Entretanto, enquanto a *transcendência* possibilita ao homem se lançar na busca da construção de sua realidade, a *facticidade* delimita o seu "campo de ação", ou seja, impõe limites. É diante desse jogo, ou melhor, sob esse aspecto que a *má-fé* se instaura como alívio imediato. Mas qual a importância dos conceitos de *transcendência* e *facticidade* para que o agir humano possa ser de *má-fé*?

Transcendência e facticidade

A consciência transcende, quando indica sua intencionalidade, realizando o movimento de sair para fora de si, ultrapassando-se. É o poder que tem o ser *para-si* de modificar-se, ou seja, são suas possibilidades de mudança. Só o ser *para-si* pode transcender o *que ele é*, a saber, ir ao encontro das coisas. O ser *para-si* se projeta além do *nada que ele é*, indo em busca do *que não é*. A falta que a consciência procura preencher está fora dela. Está nas coisas, no ser *em-si*, e a *transcendência* é o caminho desse desvelar. Entretanto, quando o ser *para-si* transcende, a consciência anula-se ao revelar e afirmar *o que não é*. Transcender é ser *o que não se é*. *Transcendência* e *facticidade* possibilitam, nesse sentido, que a *má-fé* se revele de diversas formas na *existência* humana. *Transcendência e facticidade* se constituem como um *dualismo* pertencente ao existir humano. Por exemplo, nascer em uma família de operários ou de burgueses independe da opção humana. É uma situação em que a condição dada de nascimento é inevitável. A *facticidade* humana pode ainda se manifestar no exemplo de um homem que alega não ter culpa dos seus atos, já que as dificuldades pelas quais vinha passando foram as responsáveis por desencadear tais atitudes. Essa forma comportamental é de alguém que está agindo de *má-fé*, uma vez que nega a responsabilidade por suas ações. Admitir que a *facticidade* seja determinante do ser *para-si* é não compreender o homem diante de sua *existência*. É o mesmo que negar a própria realidade humana. A *facticidade* revela ao homem como sua realidade se apresenta, do jeito que ela é. O ser *para-si* e o *em-si* estão lançados no meio do mundo e convivem lado a lado com suas *facticidades*. De certo modo, há uma grande diferença entre eles: o ser das coisas ou o em-si é pura *facticidade*, mas o ser *para-si* é *facticidade* para dela fugir, para transcender. O ser *para-si* pode transcender esse limite inicial, imposto pela *facticidade*, já que a *transcendência* lhe possibilita deixar de *ser o que é*. Exemplificando, apesar de ter nascido em uma família de operários, é possível trabalhar, construir seu capital e se tornar um burguês. A *facticidade* pode limitar, por exemplo, sua nacionalidade, naturalidade ou cor, mas não determina aonde pode chegar o homem diante dos seus desafios. Quando não é mais possível para a *facticidade* exercer sua finalidade, é sinal que a *transcendência* já se manifestou. A *transcendência* é a outra face da dialética da *facticidade*. Na *má-fé*, a *transcendência* e a *facticidade* estão presentes de tal modo que, quando uma se manifesta, a outra também o faz. Nessa dialética a *facticidade* impõe limites, definindo-os. A *transcendência*, porém, abre as portas para tudo que o homem possa vir a ser. O homem é livre, pela possibilidade que a consciência tem de transcender diante dos seus possíveis ou diante do mundo, pois ele está preso ao mundo pela *facticidade*. Por exemplo: ter nascido homem ou mulher define o sexo que ao nascer o ser humano tem, embora seja possível ocorrer uma mudança estética por meio de cirurgias. Apesar dessa possibilidade de mudança biológica, o sexo de nascimento continua sendo preponderante. As mudanças feitas no corpo servem para garantir a *transcendência* da *facticidade*. O corpo tem a configuração de um ser *em-si*, sendo sempre ele mesmo. Apesar de sofrer modificações ou transcender, ainda assim será o mesmo. Pode-se perceber, no próximo exemplo, como a *transcendência* e a *facticidade* são instrumentos que sustentam a base da *má-fé*.

Eis, por exemplo, o caso de uma mulher que vai a um primeiro encontro. Ela sabe perfeitamente as intenções que o homem que lhe fala tem a seu respeito. Também sabe que, cedo ou tarde, terá de tomar uma decisão. Mas não quer sentir a urgência disso: atém-se apenas ao que de respeitoso e discreto oferece a atitude do companheiro. Não a aprende como tentativa de estabelecer os chamados "primeiros contatos", ou seja, não quer ver as possibilidades de desenvolvimento temporal apresentadas por essa conduta: limita-a ao que é no presente, só quer interpretar nas frases que ouve o seu sentido explícito, e se lhe dizem "eu te amo muito", despoja a frase de seu âmago sexual: vincula aos discursos e à conduta de seu interlocutor significações imediatas que encara como qualidades objetivas. O homem que fala parece sincero e respeitoso, como a mesa é redonda ou quadrada, ou o revestimento da parede, azul ou cinzento. E qualidades assim atribuídas à pessoa a quem ouve são então fixadas em uma permanência coisificante que não passa de projeção do estrito presente no fluxo temporal. A mulher não se dá conta do que deseja: é profundamente sensível ao desejo que inspira, mas o desejo nu e cru a humilharia e lhe causaria horror. Contudo, não haveria encanto algum em um respeito que fosse apenas respeito. Para satisfazê-la, é necessário um sentimento que se dirija por inteiro à sua *pessoa*, ou seja, à sua liberdade plenária, e seja reconhecimento de sua liberdade. Mas é preciso, ao mesmo tempo, que tal sentimento seja todo inteiro desejo, quer dizer, dirija-se a seu corpo como objeto. Portanto, desta vez ela se nega a captar o desejo como é, sequer lhe dá nome, só o reconhece na medida em que transcende para a admiração, a estima, o respeito, e se absorve inteiramente nas formas mais elevadas que produz, a ponto de já não constar delas a não ser como uma espécie de calor e densidade. Mas eis que lhe seguram a mão. O gesto de seu interlocutor ameaça mudar a situação, provocando uma decisão imediata: abandonar a mão é consentir no flerte, comprometer-se; retirá-la é romper com a harmonia turva e instável que constitui o charme do momento. Trata-se de retardar o mais possível a hora da decisão. O que acontece então é conhecido: a jovem abandona a mão, mas *não percebe* que a abandona. Não percebe porque, casualmente, nesse momento ela é puro espírito. Conduz seu interlocutor às regiões mais elevadas da especulação sentimental, fala da vida, de sua vida, mostra-se em seu aspecto essencial: uma pessoa, uma consciência. E, entrementes, realizou-se o divórcio entre corpo e alma: a mão repousa inerte entre as mãos cálidas de seu companheiro, nem aceitante, nem resistente — uma coisa (Sartre, 1997, p. 101-102).

O que se manifesta no exemplo dessa mulher é a *dialética* da transcendência e *facticidade* existente em sua conduta de *má-fé*. Sartre descreve os passos que são dados para que a *má-fé* tome forma, ganhe corpo, diante dos acontecimentos. Essa mulher usa de vários subterfúgios para desarmar seu companheiro, representando diante dele um papel contraditório de alguém que aceita, mas quer impor alguma resistência para valorizar sua situação. Ela tem consciência das intenções do seu companheiro, apesar de não haver uma demonstração clara em seu comportamento. Prefere interpretar o que lhe é dito de forma objetiva, valorizando o que parece ser respeitoso e sem vincular o encontro com possibilidades futuras. Não aceita o fato de sentir desejo, apenas pelo desejo. Por outro lado, não acha interessante haver um relacionamento em que haja apenas "respeito", sem possibilidade de acontecer um contato mais íntimo. Na verdade, o que necessita realmente é exercitar sua liberdade, para que possa se permitir ser inteira desejo; no entanto, só reconhece sua existência ao transcender para a admiração, a estima e o respeito. Ao saber da necessidade de ser tomada uma decisão quando seu companheiro busca manter um contato mais íntimo, prefere comportar-se de forma a consentir a aproximação, porém "enganando-se" de que não percebe o que está acontecendo. Apesar da tentativa de não deixar-se absorver pela situação, acaba dividindo-se em corpo e alma. Não aceita nem resiste, apenas se deixa ser conduzida. Essa mulher se comporta como um ser *em-si*, que se deixa dominar ao ser seduzida. Entretanto, ao impor limites ou dificuldades, comporta-se como um ser *para-si*, que nega a ação do seu interlocutor e que ao mesmo tempo seduz. Nesse momento, sua *transcendência* lhe permite desejar. Seu corpo agora tem vontade própria, fala mais alto, é algo incontrolável. Diante da construção comportamental desse exemplo sartreano, pode-se perceber que a mulher adota conceitos contraditórios ao agir de *má-fé*, que em um mesmo ato traz a ideia e a negação dela própria. A mulher utiliza ao agir, a *transcendência* e a *facticidade* para transitar entre suas alternativas existenciais. Isso lhe permite comportar-se como um ser *para-si* que diz "não" ao seu interlocutor negando seu projeto e também ter um comportamento passivo como um tipo de *em-si*, que aceita, permitindo-se adotar essa conduta para na verdade mentir para si, tentando enganar-se sobre seus verdadeiros desejos. Desejos que seu corpo anseia e só por isso ela se deixa levar. O que Sartre revela nesse exemplo de *má-fé* é que a mulher demonstra, no seu agir, características contraditórias quando parece não perceber *a priori* o projeto ou a ideia intencional do seu companheiro. Ao limitar sua liberdade, ela se transforma em coisa, em ser *em-si*, sendo também esse desejo que de forma sutil se deixa conquistar como uma coisa. Ela afirma a sua *transcendência*, enquanto nega a intenção do seu companheiro, transformando a ação dele em pura *facticidade*. De outro modo, ela também é pura *facticidade* quando aceita transformar-se em coisa conquistada. Esses conceitos contraditórios de alguém que, por exemplo, quer alguma coisa, mas nega o que busca; ou quer para depois negar que quis; ou ainda, nega para desejar, são possíveis, pois a *má-fé* afirma a *transcendência* como *facticidade* e a *facticidade* como *transcendência*. A dialética entre *transcendência e facticidade* possibilita ao homem agir de *má-fé*; afinal o *para-si* é um ser *que não é o que ele é*. No mesmo instante em que a realidade humana assume ser *transcendência*, ela é no mesmo ato também *facticidade*. É a *transcendência* que se transforma em *facticidade* como uma perpétua troca, um eterno ir e vir, em que é possível deslizar do presente para transcender no que será. Ao escapar para ser *o que ele não é*, o homem sente uma falsa impressão de alívio, como quem acredita ter resolvido seu problema. É como, por exemplo, alguém que se liberta do que lhe é indesejável. A *má-fé* vai proporcionar essa solução como uma fuga. Fuga que transforma o homem em coisa, pois existe nela a inversão da liberdade. Na *má-fé*, o homem deixa de ser livre para justificar seu erro, como uma fatalidade do destino. Quem era livre para optar, termina optando para se transformar em coisa. O homem que representa não ser livre nega ter responsabilidade, visto que ao deixar de ser livre ele deixa de ser responsável. Nesse sentido, o que vier a ocorrer ao seu projeto não será de sua responsabilidade. Se algo acontecer de errado, não terá cobranças, não haverá peso ou dor, podendo recorrer a qualquer tipo de desculpa. Se as condições de possibilidades para a *má-fé* são infinitas, isto se deve ao fato de que, ao transcender, o homem pode mudar os acontecimentos ou até mesmo culpar o destino por tudo o que deixou de fazer. A *transcendência* propicia ao homem poder justificar o seu agir por meio da *má-fé*. Agir de *má-fé* é negar o livre arbítrio, por determinar motivos para as suas ações. Logo, a *má-fé* usa o determinismo como justificativa. No entendimento sartreano, o homem de *má-fé* assume sofrer influências, ou seja:

> Bem mais do que parece "fazer-se", o homem parece "ser feito" pelo clima e a terra, a raça e a classe, a língua, a história da coletividade da qual participa, a hereditariedade, as circunstâncias individuais de sua infância, os hábitos adquiridos, os grandes e pequenos acontecimentos de sua vida (Sartre, 1997, p. 593).

Para justificar a incapacidade diante de suas possibilidades, o homem nega o que lhe é inerente: a liberdade. A *angústia* que sofre diante das cobranças internas e externas faz que sua consciência busque alternativas para se afastar dela. Para tentar fugir da condenação existencial que a liberdade impõe, o homem em Sartre recorre à *má-fé*, como possibilidade de camuflar sua realidade. E, como foi visto, é pela dialética entre *transcendência* e *facticidade* que se torna possível realizar a *má-fé*, pois são conceitos que possibilitam ao ser do homem adotar tal conduta. Dando prosseguimento à análise dos aspectos que circundam a *má-fé*, pode-se então buscar compreender como ela se revela e para isso se torna necessário investigar outros tipos de comportamento como, por exemplo, a *sinceridade* e a *tristeza*. Comportamentos que podem ser assumidos pelo homem como modos de representação da sua realidade. Entretanto, ao adotar essas condutas, o homem o faz como parte integrante do seu próprio ser, por acreditar que essas atitudes sejam possíveis de se concretizar, por serem verdadeiras. Nesse sentido é possível ontologicamente ao *para-si* ser sincero ou triste? E qual o objetivo, na visão sartreana, da *sinceridade* e da *má-fé*?

Condições de possibilidade da má-fé

Após os conceitos de *transcendência* e *facticidade* terem sido investigados, torna-se possível obter um melhor entendimento de como se instaura e revela a manifestação da *má-fé*. *Transcendência* e *facticidade* são ontologicamente a base de sustentação da *má-fé*, pois são seus instrumentos de validação. Avançando nesta investigação, novas questões surgem, como, por exemplo, o conceito de *sinceridade*. A *sinceridade* se manifesta diante dos acontecimentos da realidade humana. De acordo com esses acontecimentos, a *sinceridade* é exigida ou não pelo homem. Por isso mesmo, a *sinceridade* não é um estado ou algo que pertença ao ser do homem. A *sinceridade* é consciência (de) ser sincero. Para que haja *sinceridade* é necessário que o *para-si* assuma ser *o que ele é,* como o ser de uma coisa. Nesse sentido, o homem é sincero, da mesma forma que o computador é computador, por exemplo. No entanto, se o *para-si* é um ser que *não é o que ele é*, torna-se impossível ontologicamente o homem ser sincero, já que para ser sincero o *para-si* deveria ser *o que ele é*. Para melhor entendimento do conceito de *sinceridade,* Sartre o exemplifica com as condutas de um garçom. Nesse exemplo se evidencia a impossibilidade da *sinceridade*. O ritual desenvolvido pelo garçom é perfeito, já que ele busca ser sincero ao representar ser garçom. Ele se preocupa com todos os detalhes, agindo de tal forma que não exista nenhuma dúvida quanto ao que ele é. Mas quem ele é? Ele é consciência de ser garçom. Existe nessa representação uma necessidade de prender o homem a um ser e, por meio de suas características, determinar qual o tipo do seu ser. Embora ele represente ser garçom, não pode ser igual ao ser de uma coisa que já está pré-definida. Por ser vazia, "a consciência é consciência de ser", nada existindo nela. Eis o exemplo sartreano sobre o garçom:

> Vejamos esse garçom. Tem gestos vivos e marcados, um tanto precisos demais, um pouco rápidos demais, e se inclina com presteza algo excessiva. Sua voz e seus olhos exprimem interesse talvez demasiado solícito pelo pedido do freguês. Afinal volta-se, tentando imitar o rigor inflexível de sabe-se lá que autômato, segurando a bandeja com uma espécie de temeridade de funâmbulo, mantendo-a em equilíbrio perpetuamente instável, perpetuamente interrompido, perpetuamente restabelecido por ligeiro movimento do braço e da mão. Toda a sua conduta parece uma brincadeira. Empenha-se em encadear seus movimentos como mecanismos regidos uns pelos outros. Sua mímica e voz parecem mecanismos, e ele assume a presteza e rapidez inexorável das coisas. Brinca e se diverte. Mas brinca de quê? Não é preciso muito para descobrir: brinca de *ser* garçom. Nada de surpreendente: a brincadeira é uma espécie de demarcação e

investigação. A criança brinca com seu corpo para explorá-lo e inventariá-lo, o garçom brinca com sua condição para *realizá-la* (Sartre, 1997, p. 105, 106).

Esse homem que representa ser garçom busca ser *o que não é*. Ele se preocupa, nos mínimos detalhes, em cumprir todo o ritual para ser um garçom. Da forma mais fidedigna possível, ele busca representar ser *o que não é*. Afinal, o que ele é na verdade? O que representa ser? Ele representa exatamente ser o *que não é*, pois representa essa condição para os outros e para si mesmo. Só em "representação" é que o homem pode ser o que busca ser. Um ator, por exemplo, quando representa um personagem, só é esse personagem enquanto estiver representado esse papel, por imaginar ser quem está representando. O que separa o ator do que ele representa é um *nada*, um vazio. Por mais que seu papel seja bem representado, ainda assim será uma representação daquilo que ele busca ser. Ao desempenhar o papel de garçom, com todos os gestos típicos da profissão, o que se tem é apenas uma condição representativa daquilo que o homem representa ser. Ao assumir papéis, o homem em Sartre tenta realizar-se como um ser *que é o que é*. O homem do exemplo sartreano representa ser garçom, como o ser *em-si* é, como uma "coisa-garçom". Representar ser garçom significa adotar características comportamentais da profissão. Além disso, esse homem vai ser visto como garçom, já que não representa ser um professor, médico ou advogado. Ele é o que representa ser, ele é um garçom. Logo, o garçom existe como um ser que *não é o que ele é*. Ao representar, ele passa a ser aquilo que não é.

Outro exemplo está na *tristeza*, que também é um modo de representação da realidade humana. O que se afirma na *tristeza* está na conduta de ser triste, na qual o homem adota características de estar triste quando tem, por exemplo, um olhar perdido com um semblante de quem está muito cansado ou como uma pessoa que está sem ânimo para viver e, por conta disso, seu corpo vai traduzir esse estado de peso e dor. Sua conduta pode ser modificada, se o mesmo homem reagir e mudar seu comportamento passando a se comportar de forma diferente, não mais querendo ser triste. A *tristeza* pode ou não aparecer de acordo com cada situação, uma vez que ela é um tipo de conduta. Ao se infectar de *tristeza*, a consciência leva o homem a adotar comportamentos condizentes com a sua representação. Ser triste tem a mesma configuração do ser *em-si*, pois o homem busca ser triste como uma coisa *é*. Tornar-se triste é adotar a conduta de ser uma pessoa com comportamento triste, em quem o ser *em-si* da *tristeza* vai infestar a consciência para que ela seja essa manifestação. A consciência é o que ela escolhe ser e, ao ser "consciência de ser", o homem se faz como um ser *para-si* que *é o que não é*. Não obstante, ser sincero é ser *o que se é*. Sob esse aspecto, qual a ligação entre *sinceridade, tristeza* e *má-fé*? Para Sartre, mesmo havendo um esforço do homem para ser sincero, a estrutura do seu ser inviabiliza tal intento.

    Ser sincero, dizíamos, é ser o que se é. Pressupõe que não sou originariamente o que sou. Mas aqui está naturalmente subentendido o "deves, logo podes" de Kant. Posso *chegar* a ser sincero: meu dever e meu esforço de sinceridade implicam nisso. Mas, precisamente, constatamos que a estrutura original de "não ser o que se é" torna impossível de antemão todo devir rumo ao ser-em-si ou o "ser o que se é". E essa impossibilidade não é disfarçada frente à consciência: ao contrário, é o próprio tecido de que se faz a consciência, o desassossego constante que experimentamos, nossa incapacidade de nos reconhecermos e nos constituirmos como o que somos, a necessidade pela qual transcendemos o ser, a partir do momento em que nos colocamos como certo ser, por meio de um juízo legítimo, fundamentado na experiência interna ou corretamente deduzido de premissas *a priori* ou empíricas. E transcendemos o ser, não rumo a outro ser, mas rumo ao vazio, rumo ao *nada* (Sartre, 1997, p. 109, 110).

O ideal de *sinceridade*, por ser uma impossibilidade ontológica, é uma tarefa que não pode se concretizar para o ser humano. Não que seja vontade sua não ser sincero. A questão não é de vontade e sim de constituição da própria consciência. Sartre chega a mencionar que essa impossibilidade deve-se ao próprio "tecido da consciência", já que ser sincero é ser *o que se é*, ao modo do ser *em-si* e, entretanto, a consciência se configura como um ser que *não é o que é*. Pode-se observar, na mesma citação, que para mostrar não ser uma questão de vontade Sartre vai mencionar o pensamento filosófico de Kant,[4] o "deves, logo podes". Sartre o faz para mostrar as inclinações hu-

---

[4] Para Kant, uma boa vontade é boa em si mesma por não estar submetida às inclinações humanas. A inteligência, a coragem e a felicidade não são coisas boas na sua totalidade, depende do que o homem faz delas. Se não é possível a partir da experiência se comprovar que uma ação foi moralmente boa, o dever não é então um conceito empírico, mas sim uma ordem *a priori* da razão. O homem é possuidor da faculdade de agir por ser racional. Só ele tem vontade e esta vontade é razão prática, por ser a vontade a faculdade de agir segundo regras, que são máximas, somente se as formas subjetivas são válidas para a vontade individual, ou se constituem leis se são objetivas e válidas de forma universal para todo ser racional. Mas, por não ser perfeita a vontade humana, por sofrer influência das inclinações da sensibilidade, trava-se então um conflito entre a razão e a sensibilidade. É desse conflito em que a vontade será constrangida pela razão que se originam os mandamentos ou imperativos. Logo, por ser a vontade humana incapaz de obedecer às leis racionais sem ser coagida por elas, é necessário um dever como lei objetiva da razão, como controle da vontade de sua constituição subjetiva. Assim os imperativos hipotéticos determinam suas ações visando alcançar certo fim, que são os imperativos da *habilidade* e da *prudência*. O imperativo categórico apresenta uma ação como necessária em si mesma, ou seja, é uma ação moral que impõe mandamentos ou leis.

manas. Para ser sincero, o homem deve fazer alguns esforços, aliados ao dever de adotar condutas nas quais a *sinceridade* esteja sempre presente. Logo, ele estará buscando ser sincero, acreditando que a *sinceridade* é ela mesma parte integrante de sua própria consciência; consciência que transforma sua *sinceridade* em *crença* daquilo que o homem busca crer. No entanto, antes de investigar o conceito de *crença* em Sartre, deve-se buscar compreender melhor a questão do conceito de *sinceridade*. A *sinceridade* é ontologicamente diferente da estrutura do ser *para-si*, pois a consciência é um ser que se manifesta como *não sendo o que é*. Para haver *sinceridade* é necessário que o homem seja *o que é*. A *sinceridade* seria então *má-fé*? No exemplo do homossexual e do "campeão da sinceridade", Sartre revela o entendimento desse conceito de forma mais clara.

Um homossexual tem frequentemente intolerável sentimento de culpa, e toda a sua existência se determina com relação a isso. Pode-se concluir que esteja de má-fé. De fato, com frequência esse homem, sem deixar de admitir sua inclinação homossexual ou confessar uma a uma as faltas singulares que cometeu, nega-se com todas as forças a se considerar *pederasta*. Seu caso é sempre "à parte", singular; intervêm elementos de jogo, acaso, má sorte; erros passados que se explicam por certa concepção de beleza que as mulheres não podem satisfazer; deve-se ver no caso efeitos de inquieta busca, mais que manifestações de tendência profundamente enraizada etc. Decerto, um homem cuja má-fé acerca-se do cômico, uma vez que, reconhecendo os fatos que lhe imputam, nega-se a admitir a consequência que se impõe. Assim, seu companheiro, seu mais severo censor, irrita-se com essa duplicidade: o censor só cobiça uma coisa e depois poderá até se mostrar indulgente — que o culpado se reconheça culpado, que o homossexual confesse sem rodeios, não importa se humilde ou reivindicativo: "Sou um pederasta". Perguntamos: quem está de má-fé, o homossexual ou o campeão da sinceridade? O homossexual reconhece suas faltas, mas luta com todas as forças contra a esmagadora perspectiva de que seus erros o constituam como *destino*. Não quer se deixar ver como coisa: tem obscura e forte compreensão de que um homossexual não é homossexual como esta mesa é mesa ou este homem ruivo é ruivo. Acredita escapar a todos os erros, desde que os coloque e os reconheça; melhor ainda: a duração psíquica, por si, exime-o de cada falta, constitui um porvir indeterminado, faz que renasça como novo. Estará errado? Não reconhece, por si mesmo, o caráter singular e irredutível da realidade humana? Sua atitude encerra, portanto, inegável compreensão da verdade. Ao mesmo tempo, porém, tem necessidade desse perpétuo renascer, dessa constante evasão para viver: precisa colocar-se constantemente fora de alcance para evitar o terrível julgamento da coletividade. Assim, joga com a palavra "ser". Teria razão realmente se entendesse a frase "não sou pederasta" no sentido de que "não sou o que sou", ou seja, se declarasse: "Na medida em que uma série de condutas se define como condutas de pederasta e que assumi tais condutas, sou pederasta. Na medida em que a realidade humana escapa a toda definição por condutas, não sou". Mas o homossexual se desvia dissimuladamente para outra acepção da palavra "ser": entende "não ser" no sentido de "não ser em si". Declara "não sou pederasta" no sentido em que esta mesa não é um tinteiro. Está de má-fé (Sartre, 1997, p. 110, 111).

No exemplo do homossexual e do "campeão da *sinceridade*", percebe-se como a *transcendência* possibilita a realidade humana, por meio de sua liberdade, representando ações que se caracterizam como *má-fé*. Os conceitos de *transcendência* e *facticidade* possibilitam ao homem assumir condutas como a *sinceridade*, a covardia e tantas outras. Por isso mesmo, nada que o homem escolha ser ele o será verdadeiramente. Afinal, na visão sartreana, o homem é um ser que *não é o que é*. De acordo com o entendimento sartreano, os dois personagens estão adotando condutas de *má-fé*. Para o "campeão da *sinceridade*", nada mais honesto que o homossexual se reconheça como tal, pois se assim for, ele será aceito por ter assumido ser *o que é*. Nesse sentido, o "campeão da *sinceridade*" já não mais tratará o homossexual como coisa, pois ao assumir ser homossexual, ele será sincero consigo mesmo e com o "campeão da *sinceridade*". É exatamente essa contradição que constitui a *sinceridade*, ou seja, que a realidade humana seja *o que é* para *não ser o que é*. Para o "campeão da *sinceridade*" ou o censor, o que importa é que sua vítima abdique da liberdade e se reconheça como homossexual, para em seguida ser julgado. Ainda sobre esse exemplo, Sartre diz:

> O campeão da sinceridade, na medida em que almeja se tranquilizar, quando pretende julgar, e exige que uma liberdade, como liberdade, se constitua como coisa, está de má-fé. Trata-se apenas de um episódio dessa luta mortal das consciências, que Hegel denomina "relação de amo e escravo". Dirigimo-nos a uma consciência para exigir, em nome de sua natureza de consciência, que se destrua radicalmente como consciência, fazendo-a aguardar, para depois dessa destruição, um renascer (Sartre, 1997, p. 112).

Ao citar Hegel[5] no episódio da "relação de amo e escravo", Sartre mostra como a consciência do *outro* é importante na questão

---

[5] Publicada em 1807, a *Fenomenologia do espírito* de Hegel busca revelar a trajetória que trilha a consciência para desenvolver sua tarefa de entendimento do mundo e de si própria. Pode-se perceber o sentido desse processo diante do sujeito que exerce sua consciência como apreensão de si mesmo e de ele poder *vir-a-ser*. A finalidade hegeliana era compreender como a consciência inicialmente apreendia o mundo, encontrava-se diante de si mesma revelando-se por este processo de apreensão e finalmente na totalidade de sua inserção consciente do espírito, atingir o absoluto como revelação do mundo. O que Hegel busca é atingir o absoluto, e para isto é necessário que a consciên-

da *sinceridade*. Nesse exemplo, o *outro* é dominado e dominador, por ser a consciência usada em dois momentos: como aquela que exerce o poder de persuasão contra o *outro*, e como consciência que necessita do *outro*. O *outro* tem consciência de ser senhor e escravo também. Entretanto, como foi visto anteriormente, o que existe entre o "campeão da *sinceridade*" e o homossexual é um jogo de *má-fé*. O "campeão da *sinceridade*", no ato de buscar a própria *sinceridade*, assume ser *o que é*. Ao confessar ser sincero, está representando um papel que poderia ser outro qualquer. Ser sincero é garantia de que todos os seus atos estão explicados pela *sinceridade* que ele representa ser, o que significa que seus atos devem ser aceitos, pois são sinceros. Logo, os conceitos de *sinceridade* e de *má-fé* têm a mesma estrutura, pois são parecidos. O objetivo da *má-fé* é fazer que o homem seja

> cia se afirme como distinta daquilo de que faz parte, e depois de ter trilhado todas as contingências reencontra-se de novo nela mesma, no entanto, muito mais consciente diante dos acontecimentos históricos concretos. Agora ela é totalidade como ciência de sua própria totalidade. Por ser uma trajetória de reflexão, a consciência deve cumprir todas as etapas no plano investigativo e, nesse sentido, a fenomenologia do espírito é essencialmente uma filosofia em que a consciência é consciente do que busca compreender. Ao ser consciente da totalidade, a consciência tem a percepção de que as coisas percebidas são diferentes dela mesma, afinal ela se afirma quando percebe ser o que é e nega quando se opõe ao que é diferente dela. A consciência hegeliana, por ser plenamente consciente, é consciência de si e por ser dessa forma é diferente das coisas que percebe, ou o em-si. É neste processo de consciência de si que a consciência busca constituir os objetos como seus, e é pela alegoria da "dialética do senhor e do escravo" encontrada na fenomenologia do espírito que Hegel demonstra esse desejo da consciência de ser reconhecida pelo *outro*. O senhor é aquele que por ser o vitorioso é reconhecido como tal, e o perdedor é o escravo. O escravo espera do senhor um pouco de piedade, porque o senhor é aquele que tem poder de vida ou morte sobre ele. Esta relação de senhor e escravo não é passiva, é dinâmica, já que o senhor necessita da consciência do escravo para validar o seu poder, o senhor necessita do *outro*, e nesse momento ele se torna dependente do escravo, como aquele que sem o *outro* não existiria. O escravo, que dependia do senhor, tornou-se agora senhor da consciência daquele que o escravizava.

o que é, a maneira de *não ser o que ele é*. Já o objetivo da *sinceridade* é que o homem *seja e não seja o que é*. O que existe entre *má-fé* e *sinceridade* é um jogo. Para que a *sinceridade* se manifeste é necessário que o homem *seja e não seja o que é*, por exemplo, que o homem seja corajoso para não ser covarde. Se um homem é corajoso como a caneta é caneta, como um ser *em-si*, seria impossível haver *má-fé*. O homem adota condutas de *má-fé* por ser livre e consciente daquilo de que busca fugir. Para que o homem possa fugir de uma situação em que a covardia se instaure, por exemplo, torna-se necessário que ele seja *o que é* para *não ser o que é*. No entanto, o homem deve não querer ser o covarde que é. Nesse sentido, a *má-fé* exige que o homem não seja *o que é*, como um modo de ser da realidade humana. A *má-fé*, ao modificar as características dos acontecimentos humanos, vai construir uma nova realidade à maneira de o homem ser *o que não é*. Enfim, para isso acontecer, é necessário que o homem seja o que *não é*, que não seja corajoso, por exemplo, pois sendo assim a *má-fé* não fará nenhum sentido.

Para haver uma compreensão ontológica da *má-fé* é necessário entender o que o homem é. Ele é um ser de possibilidades, que busca ser o que lhe falta e, ao assumir-se, não será verdadeiramente o que escolheu ser. A *sinceridade* leva o homem a mudar de um modo de ser para outro, e esse modo de ser é, como já vimos, ontologicamente impossível de se realizar, pois está por natureza fora do alcance humano. Entretanto, para que haja *má-fé*, é necessário que o homem escape ao seu ser no interior do seu próprio ser. Se não houvesse essa fuga interna ou se o homem fosse igual ao *em--si*, não existiria a *má-fé*. Embora a *má-fé* não negue as qualidades humanas, ela busca atribuir ao ser humano aquilo que *ele não é*, como por exemplo, ser corajoso ou covarde. Para que haja *má-fé*, o homem deve ser aquilo que é e não o ser verdadeiramente. Por exemplo, não há diferença entre ser triste e o não ser corajoso. Tudo não passa de uma consciência (de) ser triste ou corajoso. A negação que a *má-fé* traz estará sempre presente na realidade humana, já que, sem esse questionamento que o contrário oferece, a *má-fé* não se perpetuaria como fuga eterna daquilo de que não é possível fugir, ou seja, na *má-fé* o homem exerce sua liberdade para negar que é livre e responsável.

Para finalizar este artigo será investigado como se estrutura a *má-fé* e qual a sua ligação com os conceitos de *crença* e *boa-fé*. Por conservar normas e critérios diferentes da *boa-fé*, o que existe na *má-fé* é um método em que as verdades são incertas, pois para ela o importante é ter *fé*. Na *má-fé*, ao se deixar levar por impulsos de confiança como quem crê de *boa-fé*, o homem passa a acreditar nas suas intuições acompanhadas da evidência criada por elas. Se "crer é não crer" sob o ponto de vista sartreano, a razão que se pode tirar dessa sentença é que o ser *para-si* existe como um vazio, que busca ser e, nesse sentido, sua consciência é eternamente fuga de si. Logo, não é possível crer naquilo que crê e, se não há mais *crença*, é pelo fato da total nadificação da *má-fé*, que existe no fundo de toda *fé*.

Má-fé e boa-fé

A *má-fé* é uma conduta negativa humana, ontologicamente constitutiva, resultante da própria realidade paradoxal do ser humano, que é ser livre e ao mesmo tempo negar essa liberdade. Por isso, o homem para Sartre, ao agir de *má-fé*, é consciente da consciência (de) *má-fé*. A *má-fé* é, desde o princípio, uma *má-fé*; afinal essa conduta é um contínuo exercício de *má-fé*, ou seja, *a má-fé* não está presente apenas no começo de sua intenção ou no seu fim, mas durante todo o seu percurso. Para que a conduta de *má-fé* exista é necessário que o homem acredite, que ele creia ser de *má-fé*. Nesse sentido, a *má-fé* é uma *crença*, pois ou se acredita nela, ou não. Se o homem representa que está agindo de *má-fé*, ele está adotando uma postura cínica. Se por outro lado ele acredita ser sua ação inocente, esse pensar é uma *boa-fé*. Na citação seguinte, Sartre aborda aspectos que se encontram presentes na *boa-fé* e na *má-fé*.

> (...) a má-fé não conserva as normas e critérios da verdade tal como aceitos pelo pensamento crítico de boa-fé. De fato, o que ela decide inicialmente é a natureza da verdade. Com a má-fé aparecem uma verdade, um método de pensar, um tipo de ser dos objetos; e esse mundo de má-fé, que de pronto cerca o sujeito, tem por característica ontológica o fato de que, nele, o ser é o que não é e não é o que é. Em consequencia, surge um tipo singular de evidência: a evidência *não persuasiva*. A má-fé apreende evidências, mas está de antemão resignada a não ser preenchida por elas, não ser persuadida e transformada em boa-fé: faz-se humilde e modesta, não ignora — diz — que *fé* é decisão, e que, após cada intuição, é preciso decidir *e querer aquilo que é*. Assim, a má-fé, em seu projeto primitivo, e desde sua aparição, decide sobre a natureza exata de suas exigências, se delineia inteira na resolução de *não pedir demais*, dá-se por satisfeita quando mal persuadida, força por decisão suas adesões a verdades incertas. Esse projeto inicial de má-fé é uma decisão de má-fé sobre a natureza da fé (Sartre, 1997, p. 115, 116).

Na *boa-fé*, o homem acredita que seu agir tem por finalidade a verdade. Nesse tipo de conduta, o que importa é a busca de critérios originados por ela. Se o homem acredita que sua ação é realmente inocente ou que seu agir é de *boa-fé*, isso significa mentir para si mesmo. Nesse sentido, a *boa-fé* não passa de *má-fé*. No entanto, na *má-fé*, se manifesta outro tipo de verdade, por haver outra construção da realidade em que se evidenciam outros motivos para concretizar as suas exigências. Existe na intenção da *má-fé*, na visão sartreana, uma *má-fé* sobre a natureza da *fé* humana. Se o homem, como já foi visto, caracteriza-se como um ser que *é o que não é* e *não é o que é*, o que ele revela ontologicamente é um modo de ser em que a negação do seu próprio ser se faz presente de forma constitutiva. O homem cria na *má-fé* suas próprias verdades, por acreditar no seu projeto, por crer na verdade de sua *crença*.

Para Sartre, é pela consciência *pré-reflexiva* ou pelo *cogito pré-reflexivo* que os conceitos de *boa-fé*, *crença* e *má-fé* podem ser explicados. A consciência *pré-reflexiva* ou o *cogito pré-reflexivo* é a possibilidade que a consciência tem de refletir sobre a própria consciência, sem se posicionar fora dela. Se o homem adota suas condutas de *má-fé* de forma optativa, esta é uma decisão consciente e unicamente sua. Ao adotar tais condutas, ele acredita que elas são verdadeiras e passa a ver seu próprio ato como verdadeiro. É o que acontece quando se está crendo em algo, o que leva a se ter certeza de suas ações. O homem está certo, convicto e confiante de sua intuição, mesmo que não haja evidências para comprovar no que está crendo. No exemplo abaixo, o homem de *boa-fé* para Sartre apenas acredita, mesmo sem evidências concretas.

> Creio que meu amigo Pedro tem amizade por mim. Creio de *boa fé*. Creio e não tenho intuição acompanhada de evidência, pois o próprio objeto, por natureza, não se presta à intuição. Creio, ou seja, deixo-me levar por impulsos de confiança, decido acreditar neles e ater-me a tal decisão, levo-me, enfim, como se estivesse certo disso — e tudo na unidade sintética de uma mesma atitude (Sartre, 1997, p. 116).

Para que o homem acredite na amizade de alguém, é necessário que em seus atos essa pessoa demonstre ser seu amigo. A amizade deve ser demonstrada no seu modo de agir. Se apenas o homem acredita na amizade, independentemente de qualquer tipo de demonstração que sirva para convencê-lo do seu intento, a *crença* da amizade passa a ser algo subjetivo, sem relação com a realidade. Um outro exemplo que pode ser dado é a *crença* em Deus. O homem que acredita em Deus, independentemente de ter uma prova concreta da *existência* de Deus, crê nele baseando-se na sua *fé*. Logo, para Sartre, sua *crença* advém da *fé*. A possibilidade da *má-fé* reside justamente no fato de ela ser um tipo de *fé*, por ser *crença* naquilo que o homem acredita. Contudo, se o homem está crendo em algo subjetivo, em algo em que ele quer crer e de cuja *existência* não tem certeza concreta, a sua *crença* vai por si só negar a própria *crença*. Sobre a questão da *crença*, Sartre vai ainda mais além, ao afirmar que "toda crença é insuficiente" e que, na realidade, "não se crê naquilo que se crê", ou seja, o homem que crê o faz por mera *crença*.

Assim, a crença é um ser que se coloca em questão em seu próprio ser, só pode realizar-se destruindo-se, só pode manifestar-se a si negando-se — um ser para o qual ser é aparecer, e aparecer, negar-se. Crer é não crer. Vê-se a razão disso: o ser da consciência consiste em existir por si, logo, em fazer-se ser e, com isso, superar-se. Nesse sentido, a consciência é perpetuamente fuga de si; a crença se converte em não crença, o imediato em mediação, o absoluto em relativo e o relativo em absoluto. O ideal da boa-fé (crer no que se crê) é, tal como o da sinceridade (ser o que se é), um ideal de ser-em-si. Toda crença é crença insuficiente: não se crê jamais naquilo que se crê. E, por conseguinte, o projeto primitivo da má-fé não passa da utilização dessa autodestruição do fato da consciência. Se toda crença de boa-fé é uma impossível crença, há agora lugar para toda crença impossível. Minha incapacidade de *crer* que sou corajoso já não me aborrecerá, pois, justamente, nenhuma crença pode crer jamais o suficiente. Definirei então como *minha* crença essa crença impossível. Sem dúvida, não poderia me dissimular o fato de que creio para não crer e não creio *para* crer. Mas a sutil e total nadificação da má-fé por ela mesma não poderia me surpreender: existe no fundo de toda fé (Sartre, 1997, p. 117).

Se o homem acredita que está certo sem ter certeza, do mesmo modo que crê na sua *crença*, ele está acreditando que ela é por natureza *crença* insuficiente e, nesse sentido, "crer é não crer". Sob esse aspecto, o homem na verdade não crê naquilo em que acredita. A *crença* só se pode realizar porque ela destrói e nega o que é, visto que crer é não acreditar no que se está crendo. A *crença* se manifesta como impossibilidade de ser *crença*. A *má-fé* vai usar a autodestruição da *crença* para transformar a realidade humana e propor dúvidas, preferindo supor a ter certeza, dando-se por satisfeita com o que tenta negar e procurando fugir do que é, como uma eterna fuga de si. A *má-fé* se torna possível por essa autodestruição da consciência, já que, na *crença*, "não se crê no que se crê". Como o homem pode, por exemplo, ser covarde se não acredita que é corajoso? Ao negar ser corajoso, não pode afirmar que é covarde? Não há como saber qual conduta ele vai adotar. Só na ação é que o homem pode revelar se acredita ou não na sua *crença*, se tem *fé* no que diz acreditar. A *má-fé* só é possível porque o homem não crê no que busca crer. A *má-fé* vai usar todas as *crenças* para destruir e arruinar as certezas humanas, negando e afirmando ao mesmo tempo ser e não ser o que o homem é. Se a crença é "crer no que se crê", ela se torna bem parecida com o ideal da *sinceridade*, que é ser *o que se é*, como um ideal do ser *em-si*. O que revela ser também impossível a *crença*, do mesmo modo que a *sinceridade* é impossível ontologicamente, sob o ponto de vista sartreano. A *má-fé* faz uso da *crença*, da *sinceridade* e da *boa-fé* para validar sua negação, já que o *para-si* é um ser que carrega em seu "bojo" o *nada* do seu próprio ser, que pode como um ser livre se negar internamente, uma vez que o homem é livre até para ser *o que não é*. Por isso mesmo é que a *má-fé* se torna ontologicamente possível. Para o entendimento conclusivo sobre a *má-fé*, Sartre diz:

> Na má-fé, não há mentira cínica nem sábio preparo de conceitos enganadores. O ato primeiro de má-fé é para fugir do que não se pode fugir, fugir do que se é. Ora, o próprio projeto de fuga revela à má-fé uma desagregação íntima no seio do ser, e essa desagregação é o que ela almeja ser. Para dizer a verdade, as duas atitudes imediatas que podemos adotar frente ao nosso ser acham-se condicionadas pela própria natureza desse ser e sua relação imediata com o em-si. A boa-fé busca escapar à desagregação íntima de meu ser rumo ao em-si que deveria ser e não é. A má-fé procura fugir do em-si, refugiando-se na desagregação íntima de meu ser. Mas essa própria desagregação é por ela negada, tal como nega ser ela mesma de má-fé. Ao fugir pelo "não-ser-o-que-se-é" do em-si que não sou, à maneira de ser o que não se é, a má-fé, que se nega como má-fé, visa o em-si que não sou, à maneira do "não-ser-o-que-não-se-é". Se a má-fé é possível, deve-se a que constitui a ameaça imediata e permanente de todo projeto do ser humano, ao fato de a consciência esconder em seu ser um permanente risco de má-fé. E a origem desse risco é que a consciência, ao mesmo tempo e em seu ser, é o que não é e não é o que é (Sartre, 1997, p. 118).

Pode-se concluir que a *má-fé* se origina de uma "desagregação interna no seio do ser", por onde a consciência busca ser. Essa desagregação é propiciada pela própria consciência, que busca de forma desesperada ser *o que não é*, ou melhor, por buscar preencher o seu vazio de ser. Já a *boa-fé* tenta escapar a essa "desagregação interna", direcionando-se para o ser das coisas que busca ser, mas que não é, ou seja, enquanto a *boa-fé* procura ir na direção do *em-si*, a *má-fé* tenta fugir do ser das coisas utilizando-se da mesma "desagregação interna". Por conseguinte, a *má-fé* também vai negar essa desagregação, além de negar a si mesma como *má--fé*. O que valida a possibilidade existencial dessa negação interna chamada *má-fé* é o fato de a consciência ser ontologicamente livre e ao mesmo tempo possuir dentro do seu próprio ser um constante "risco de *má-fé*". Logo, a *má-fé* nega que seja ela mesma de *má-fé* ao negar a sua própria desagregação interna, embora todo o processo seja consciente do que busca negar. A *má-fé* utiliza a estrutura ontológica do *para-si* como um ser *que não é o que é*, para possibilitar-lhe *ser o que é*, ao modo do ser *em-si*. Nesse sentido, por ser toda consciência, consciência de alguma coisa, ela é sempre consciência do *que não é*. O ser que a consciência busca está fora dela, está nas coisas. Por isso mesmo é intencional, ou seja, seu ser *é o que não é*, por não ser o *outro* que a consciência busca ser. Pode-se agora retomar o que foi pesquisado sobre os conceitos de *mentira*, *crença* e *fé*, para um entendimento final sobre a *má-fé*. A *má-fé* destrói a *crença* visto que o homem não acredita naquilo que crê, pois sua *crença* independe de provas para ser concretizada, sendo simplesmente *fé*. Por não ter intenção de enganar, a *má-fé* não é uma *mentira*. Embora tenham a mesma estrutura, na *má-fé* não existe a *dualidade* do enganador e do enganado, ocorrendo em uma mesma consciência. A *crença* humana é uma consciência de *crença*, pois a consciência existe tendendo para algo que não é, que se encontra fora do seu próprio ser. Como a *crença* é um tipo de *má-fé* que prefere a incerteza de quem crê para transformar a realidade humana em *fé*, na visão de Sartre o homem busca na *má-fé* camuflar a sua própria realidade ao acreditar que está certo, mesmo sem ter certeza. O que na verdade lhe interessa é simplesmente acreditar, ter *fé*. Ao acreditar de *boa-fé* em tudo em que é conveniente crer, torna-se realizável transcender, por exemplo, de covarde para corajoso na *má-fé*. A consciência é consciente ao se comportar de *má-fé* e o que ela pretende na realidade é fugir da própria liberdade. É ao negar aquilo de que foge que a *má-fé* tem a sua efetivação. Como tentativa de encobrir a *angústia*, a *má-fé* nega a si mesma. Ela é uma autonegação que, de forma consciente, existe como possibilidade de ser da consciência. A *má-fé* é uma fuga eterna da *angústia*, provocada pelo peso da responsabilidade. Fuga do que não é possível fugir, já que o homem tenta fugir do que *ele não é*, por ser uma mera representação aquilo que ele busca ser. Por ter uma consciência *pré-reflexiva*, o homem para Sartre pode tornar possível a reflexão da própria consciência e, nesse sentido, infectar-se de *má-fé*. A consciência que é um vazio, um *nada* de ser, completar-se por ser consciência de alguma coisa, de algo que busca ser. E é justamente por essa desagregação, que ocorre no interior do seu próprio ser, que a consciência se infecta de *má-fé*. Afinal, a *má-fé* se instaura e se habilita a propiciar alívio imediato ao ser do *para-si*, como forma de fuga para o existir humano. Não obstante, a *má-fé* é possível, visto que o ser do homem, ou ser *para-si*, caracteriza-se como um ser que ao mesmo tempo *é o que não é* e *não é o que é*. O ser *para-si* é aquele que *não é o que é*, por buscar *o que não é*. O ser do homem ao transcender busca se transformar em coisa, em ser *em-si*, como um ser que *é o que é*. Por não ser *o que é*, ou seja, por negar internamente seu ser, é que o homem adota condutas de *má-fé*. Viver é realizar-se como liberdade e a liberdade possibilita a *má-fé*, fato que é um paradoxo não lógico, mas constitutivo na visão filosófica de Sartre.

Referências

Bornheim, Gerd A. *Debates de Filosofia: Sartre — Metafísica e Existencialismo.* São Paulo: Perspectiva, 1984.

Burdzinski, Júlio César. *Má-fé e autenticidade.* Rio Grande de Sul: UNIJUÍ, 1999.

Cohen-Solal, Annie. *Sartre: 1905-1980.* Porto Alegre: L&PM, 1986.

Colin, Pierre. *La Phénoménologie existentielie et l'Absolu,* in *Philosophies Chréuennes, Recherches et Débais.* Paris: Anheme Fayard, 1955.

Contat, Michel & Rybalka, Michel. *Les écrits de Sartre.* Paris: Gallimard, 1970.

_____. *Sartre: bibliographie 1980-1992.* Paris: CNRS, 1993. Danto, Arthur C. *Sartre.* São Paulo: Cultrix, 1975.

Freud, Sigmund. *Interpretação dos sonhos e outros ensaios.* Trad. Odillon Galloti. Rio de Janeiro: Guanabara, 1935.

_____. *Psicologia da vida cotidiana.* Trad.: Álvaro Cabral. Rio de Janeiro: Zahar, 1966.

Heidegger, Martin. *Introdução à Metafísica.* Trad.: Emmanuel Carneiro Leão. Rio de Janeiro: Tempo Brasileiro, 1969. _____. *Ser e tempo.* Trad.: Márcia de Sá Cavalcante. Petrópolis: Vozes, 1999.

Hegel, Georg Wilhelm Friedrich. *A fenomenologia do espírito.* Trad.: Henrique Cláudio de Lima Vaz, Orlando Vitorino, Antonio Pinto de Carvalho. São Paulo: Abril Cultural, 1974. _____. *Como o senso comum compreende a Filosofia.* Trad.: Eloísa Araújo Ribeiro. Rio de Janeiro: Paz e Terra, 1995. Husserl, Edmund. *A ideia da fenomenologia.* Trad.: Artur Mourão. Lisboa: Ed. 70, 1986.

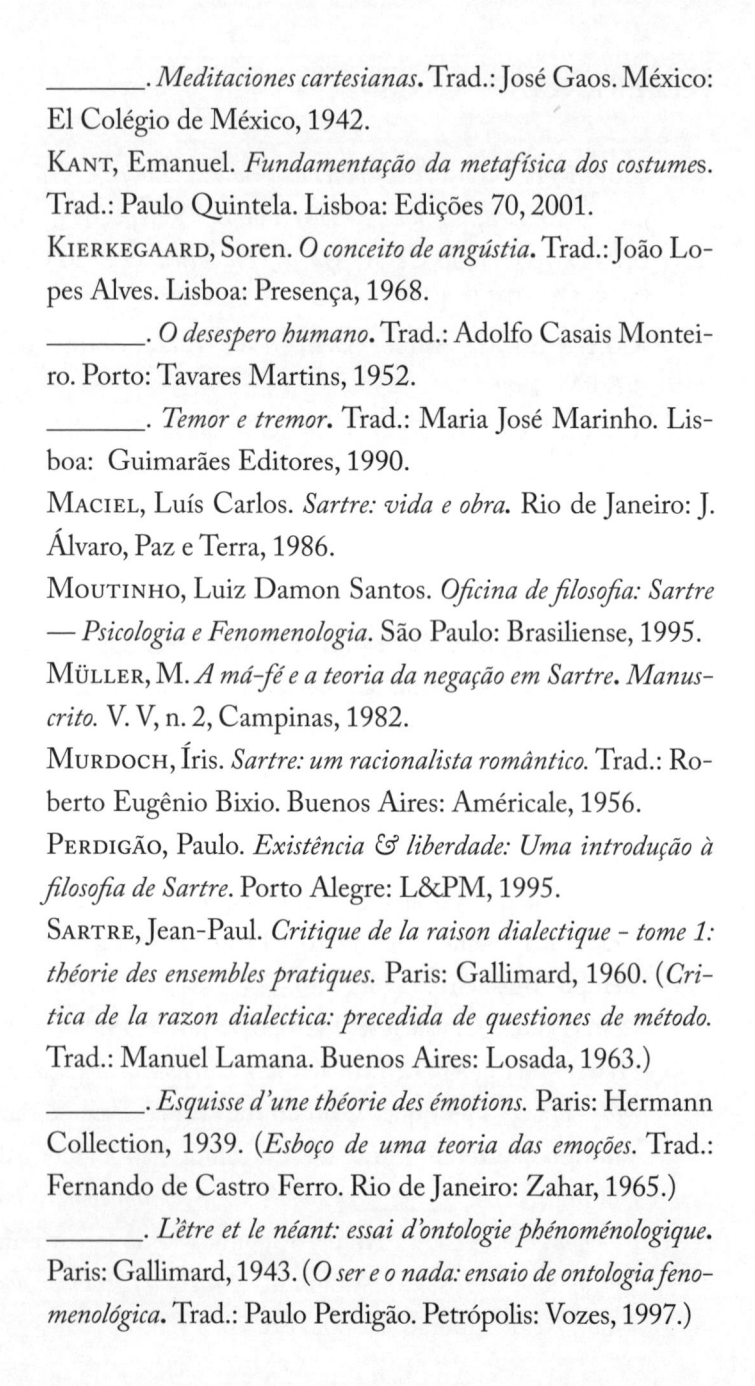

_____. *Meditaciones cartesianas*. Trad.: José Gaos. México: El Colégio de México, 1942.

KANT, Emanuel. *Fundamentação da metafísica dos costumes*. Trad.: Paulo Quintela. Lisboa: Edições 70, 2001.

KIERKEGAARD, Soren. *O conceito de angústia*. Trad.: João Lopes Alves. Lisboa: Presença, 1968.

_____. *O desespero humano*. Trad.: Adolfo Casais Monteiro. Porto: Tavares Martins, 1952.

_____. *Temor e tremor*. Trad.: Maria José Marinho. Lisboa: Guimarães Editores, 1990.

MACIEL, Luís Carlos. *Sartre: vida e obra*. Rio de Janeiro: J. Álvaro, Paz e Terra, 1986.

MOUTINHO, Luiz Damon Santos. *Oficina de filosofia: Sartre — Psicologia e Fenomenologia*. São Paulo: Brasiliense, 1995.

MÜLLER, M. *A má-fé e a teoria da negação em Sartre*. *Manuscrito*. V. V, n. 2, Campinas, 1982.

MURDOCH, Íris. *Sartre: um racionalista romântico*. Trad.: Roberto Eugênio Bixio. Buenos Aires: Américale, 1956.

PERDIGÃO, Paulo. *Existência & liberdade: Uma introdução à filosofia de Sartre*. Porto Alegre: L&PM, 1995.

SARTRE, Jean-Paul. *Critique de la raison dialectique - tome 1: théorie des ensembles pratiques*. Paris: Gallimard, 1960. (*Critica de la razon dialectica: precedida de questiones de método*. Trad.: Manuel Lamana. Buenos Aires: Losada, 1963.)

_____. *Esquisse d'une théorie des émotions*. Paris: Hermann Collection, 1939. (*Esboço de uma teoria das emoções*. Trad.: Fernando de Castro Ferro. Rio de Janeiro: Zahar, 1965.)

_____. *L'être et le néant: essai d'ontologie phénoménologique*. Paris: Gallimard, 1943. (*O ser e o nada: ensaio de ontologia fenomenológica*. Trad.: Paulo Perdigão. Petrópolis: Vozes, 1997.)

_____. *L'imaginaire: psychologie phénoménologigue de l'imagination.* Paris: Gallimard, 1940. (*O imaginário, psicologia fenomenológica da imaginação*. Trad.: Duda Machado. São Paulo: Ática, 1969.)

_____. *L'imagination.* Paris: Presses Universitaires de France, 1949. (*A imaginação*. Trad.: Rita Correia Guedes, Luiz Roberto Salinas Forte e Bento Prado Júnior. São Paulo: Nova Cultural, 1987.)

SCELER, Max. *Da reviravolta dos valores.* Trad.: Marco Antonio dos Santos. Casa Nova, Petrópolis: Vozes, 1994.

_____. *El resentimiento en la moral.* Trad.: José Gaos. Buenos Aires: Espasa-Calpe Argentina, 1944.

STEKEL, Wilhelm. *El lenguaje de los suenos.* Trad.: Carlos F. Grieben. Buenos Aires: Iman, 1954.

_____. *Estados nerviosos de angustia y su tratamiento.* Trad.: Jorge Thomas. Buenos Aires: Iman, 1947.

O Teatro de Sartre Revisitado

*António Braz Teixeira**

São geralmente reconhecidos não só a importância de que, no conjunto múltiplo e plural da obra sartreana, se reveste a sua produção dramatúrgica como o lugar de primeiro plano que a mesma ocupa no teatro francês do período que se seguiu ao termo da II Guerra Mundial, mas também no mais vasto panorama do teatro contemporâneo.

Se o juízo valorativo que considera a obra teatral do autor de *Les Mouches*, juntamente com as de Claudel (1868-1955), Giraudoux (1882-1944) e Montherlant (1896-1972) a máxima expressão que, no século passado, logrou alcançar a escrita teatral francesa ainda hoje se afigura justo, no entanto, a leitura ou a consideração atual do conjunto e de cada uma das peças de Jean--Paul Sartre não deixarão, decerto, de acentuar aspectos, valores e relações diversos dos realçados tanto pela crítica sua contemporânea como pelo autor, nos escritos e declarações que, em múltiplos momentos, lhes dedicou. Em diversos pontos fundamentais

* Universidade Autónoma de Lisboa.

penso dever divergir a avaliação atual da obra dramática sartreana daquela de que foi alvo no momento da estreia de cada uma das peças que a compõem.

Contemporânea ou paralela da redação da parte mais significativa da sua obra especulativa – a que vai de *L'Être et le Néant* (1943), de *L'Existencialisme est un Humanisme* (1946) e dos inéditos *Cahiers pour une Morale* (1947-1948) e *Vérite et Existence* (1948) até *Critique de la Raison Dialéctique* (1960) –, a dezena de peças do escritor e filósofo cobre o quarto de século mais fecundo da sua atividade literária, havendo aquelas sido frequentemente apresentadas ou apressadamente entendidas, tal como a sua obra romanesca, como formas de divulgação das teses mais características da sua filosofia "existencialista", juízo que deixa na sombra, ignora ou menospreza a sua mais autêntica dimensão dramática, como o próprio dramaturgo não deixou de assinalar quando, em 1960, numa entrevista a propósito de *Les Séquestrés d'Altona* (1959), notava não se lhe afigurar que o teatro pudesse ser um "veículo filosófico", pois uma filosofia, na sua totalidade e nos seus detalhes, só poderia exprimir-se numa obra filosófica e não numa obra teatral, não devendo, por isso, o teatro depender nunca da filosofia que, não obstante, não deve deixar de exprimir.[1]

Embora esta intenção ou preocupação de exprimir ou dar corpo a uma filosofia seja ainda demasiado visível em peças como *Les Mouches* (1943) ou *Huis Clos* (1944), desaparece nas seguintes que, sem deixarem de ter um exigente suporte especulativo, se afirmam autonomamente como sólidos textos teatrais, com a exceção de *La Putain Respectueuse* (1946), decerto a mais débil de todas as suas obras dramáticas.

---

[1] Jean-Paul Sartre, *Un Théâtre de Situations*, Gallimard, Paris, 1998, p. 375-376.

Na verdade, ao retomar a tragédia dos Átridas, tal como Giraudoux o fizera alguns anos antes, com o propósito de escrever uma "tragédia da liberdade", em oposição à tragédia da fatalidade dos gregos, no caso, a *Oresteia* esquiliana, por pensar que o *Fatum* antigo mais não seria do que o reverso da liberdade,[2] do mesmo passo que, numa ironia de clara intenção dessacralizadora, transforma em moscas as clássicas Eumênides, o dramaturgo centra a ação ou a situação dramática no problema da liberdade como elemento constitutivo do homem como ser condenado a ser livre e na intransferível e radical responsabilidade de cada ato, o que confere uma intrínseca natureza ética à existência humana e à própria filosofia sartreana.

A este propósito, não posso deixar de referir que se me apresenta altamente discutível, senão mesmo contraditória ou paradoxal, a noção de "tragédia da liberdade" que Sartre usa para qualificar esta sua versão do drama de Orestes, já que a ideia de *Fatum* inelutável e inexorável, a que se encontram submetidos não só os homens como os próprios deuses, parece-me constituir, desde a insuperada teorização aristotélica, um dos fundamentais elementos definidores do gênero trágico, enquanto a liberdade e a contingência caracterizariam o drama, forma teatral própria do ciclo cristão.

É, precisamente, este intento, de si intrinsecamente contraditório, a causa de que *Les Mouches*, depois de, nos dois primeiros atos, haver narrado a vingança da morte de Agamemnon por Orestes, incitado por Electra, venha a enredar-se, no terceiro ato, num longo e algo fastidioso debate entre o protagonista e Júpiter, em que o primeiro sustenta as teses do dramaturgo sobre a liberdade

---

[2] *Op. cit.*, p. 267-268.

radical do homem ("eu sou a minha liberdade", a qual não só lhe impede todo o arrependimento, fazendo do que sente remorsos o mais covarde dos assassinos, como o condena a não ter outra lei que não seja a sua própria e a ter de inventar o seu caminho, na mais desesperada solidão, alheio aos deuses, ou contra eles, pois também estes se encontram angustiosamente solitários.[3]

Por seu turno, aquela que é certamente a mais conhecida, representada e imitada peça de Sartre, *Huis Clos*, em que, num ambiente e por meio de um diálogo de recorte realista, são reconhecíveis claros sinais da herança expressionista, não foge, também, a uma excessiva e paralisante intenção programática e ao desejo de ilustrar uma tese filosófica, sintetizada na bem conhecida afirmação do personagem masculino de que "o inferno são os outros", cujo sentido é, em geral, desvirtuado, por ser aquela desinserida do contexto da peça.

Foi o próprio dramaturgo que, vinte anos depois da estreia parisiense de *Huis Clos*, chamou a atenção para o fato de que, com aquela frase que encerra e como que sintetiza toda a situação daquele longo e retórico ato único, não pretendeu dizer que as relações humanas são sempre relações infernais, mas sim que, sendo os outros o que há de mais importante em nós próprios, para o nosso próprio conhecimento – pois, quando tentamos conhecer-nos, usamos os conhecimentos dos outros a nosso respeito – se as nossas relações com eles estiverem viciadas ou distorcidas, se forem más, os outros tornam-se para nós o inferno. Mas, porque somos livres, porque podemos mudar ou alterar os atos por outros atos, temos sempre a possibilidade de quebrar o círculo do inferno em que estivermos, alterando a nossa relação com os outros, a ponto de

---

[3] *Les Mouches*, ato III, cena II.

podermos dizer que, se o não fizermos, somos nós que, livremente, nos colocamos no inferno ou nele permanecemos.[4]

Um segundo aspecto que, na nossa circunstância atual, se me afigura carecer de revisão, merecer nova avaliação ou apresentar diverso significado é o relativo à leitura imediata ou diretamente política que, na época, foi feita das restantes peças do dramaturgo francês, equívoco para que ele próprio algumas vezes contribuiu, em declarações que fez quando da estreia de algumas delas. Se é inegável que *La Putain Respectueuse* se apresenta como um frusto panfleto dramático contra o racismo, ainda que o contexto em que o autor a situa possa levar o espectador ou o leitor a pensar que se trata de uma manifestação de antiamericanismo – o que Sartre se apressou a negar, quando da estreia da versão nova-iorquina da peça (1948),[5] já quanto a textos como *Morts sans Sépulture* (1946), *Les Mains Sales* (1948), *Le Diable et le Bon Dieu* (1951), *Nekrassov* (1955) ou *Les Séquestrés d'Altona* (1959) –, a possível motivação política do dramaturgo afigura-se hoje de muito menor significado ou interesse do que a atualidade da sua dimensão dramática, a profundidade humana dos personagens, a solidez ou o brilhantismo da construção teatral ou a inteligência e a eficácia dos diálogos.

Na verdade, se o pano de fundo da primeira destas peças (*Morts sans Sépulture*) é, inequivocamente, a Resistência, no entanto, a ação dramática, como o dramaturgo, aliás, não se esqueceu de observar,[6] centra-se numa situação-limite, a de saber como reagirá cada um dos personagens à tortura a que muito provavelmente será submetido e a angústia e a tensão que esta interrogação ou

---

[4] *Un Téâtre de Situations* cit., p. 282-283.
[5] *Op. cit.*, p. 287.
[6] *Idem*, p. 285.

essa dúvida suscita ou desencadeia em cada um deles, sendo aqui a dimensão dramática muito mais relevante do que o aspecto ou significado político da mesma Resistência.

De igual modo, em *Les Mains Sales*, uma das mais mal compreendidas e injustamente avaliadas peças de J. P. Sartre, que se me afigura poder ser lida como formando um díptico com a peça anterior, nisto divergindo da posição do próprio autor que a desligava, inteiramente, de *Morts sans Sépulture* e a associava a *Le Diable et le Bon Dieu*, vendo nesta última peça um complemento ou uma continuação daquela,[7] à luz de hoje, o que verdadeiramente importa, de um ponto de vista dramático, não é tanto a clandestinidade política e as divergências dentro de uma célula partidária, questão de escasso interesse teatral para um leitor ou um espectador atual, mas a força do conflito interior, o debate íntimo dos personagens ou a verdade humana das relações sentimentais que entre elas se tecem ou se rompem.

O mesmo me parece acontecer com *Les Séquestrés d'Altona*, em que o essencial é o dilacerante conflito intrafamiliar, o súbito explodir de tensões longamente contidas, suscitado pela notícia da doença mortal do dominador chefe da família. Isso que faz deste texto sartreano uma das mais sólidas e brilhantes atualizações dramáticas da grande tradição que remonta a Strindberg e que Eugene O'Neill e o melhor teatro norte-americano (Tennessee Williams e Edward Albee) prolongaram, conflito que retira importância à questão, hoje histórica, que terá movido o dramaturgo, a da responsabilidade da Alemanha e dos alemães na II Guerra Mundial ou o problema da guerra da Argélia, candente na França, no final dos anos 50.

---

[7] *Idem*, p. 317.

Importa, aliás, recordar que o filósofo-dramaturgo, se, por um lado, talvez haja insistido demasiado em que, nesta peça, se trataria de "uma história protestante", procurando explicar a conduta que ali atribuía à família von Gerlach, desde a prepotência familiar do pai condenado pelo cancro, até à dos filhos, Frantz e Leni, que, sucessivamente, se autoseqüestram ou ao suicídio final de pai e filho, por não poderem suportar, um, a agonia que se anuncia e, o outro, a lembrança do seu comportamento durante a guerra, por outro lado, não deixa de exprimir uma clara divergência crítica relativamente a Brecht, que, no modo como procurou transpor ou usar a ideologia marxista no seu teatro épico, acabou por revelar uma compreensão insuficiente do III Reich, limitando-se a evocar o medo por ele suscitado entre os pequenos burgueses e omitindo o conluio entre os grandes industriais nobres, ricos e cultos, e os nazitas que, no fundo, desprezam.[8]

Contudo, a peça de Sartre que mais sofreu com os equívocos de uma leitura imediata ou exclusivamente política talvez seja a farsa satírica *Nekrassov*, que penso constituir uma das obras mais interessantes, inteligentes e vivas do dramaturgo francês. Visto, na época, como uma sátira de certa imprensa anticomunista e, em particular, do diretor do jornal *Figaro*, Pierre Lazareff, quando, mais uma vez, o seu sentido é visivelmente outro e bem mais amplo, o de criticar, por meio da farsa, a situação da imprensa, da sociedade e da vida política de há meio século, a qual, infelizmente, não fez senão agravar-se, este brilhante texto teatral, magnificamente construído, de uma inteligente comicidade que é *Nekrassov* mantém, ainda hoje, uma gritante atualidade.

---

[8] *Idem*, p. 351 e 361.

A mais ambiciosa e a mais assumidamente metafísica das obras teatrais sartreanas é, porém, inquestionavelmente, o drama *Le Diable et le Bon Dieu*. Enquanto, alguns anos antes, com *Les Mouches*, Sartre, de algum modo, indireta e veladamente, parecia haver-se confrontado com o Giraudoux de *Electre* (1937) e, no final da década, se iria inscrever, com êxito, na tradição strindberguiana, nesta peça histórica em três atos e onze quadros é, visivelmente, com Claudel, em especial com o autor do grande drama barroco que é *Le Soulier de Satin* (1925), que o dramaturgo-filósofo se defronta.

Inspirada, como o próprio autor confessou, em *El Rufián Dichoso*, de Cervantes, [9] a obra-prima dramática sartreana apresenta-se como uma antiteodiceia ou uma teodiceia negativa, como uma profissão de fé ateísta, em nome da radical liberdade do homem, contraposta ao catolicismo, simultaneamente ardente e agônico, do grande poeta de *L'Annonce faite à Marie* (1912).

Abandonando, pela segunda vez, a atualidade para situar a ação no século XVI e dando à peça uma estrutura eminentemente narrativa, diferentemente do que fizera nos seus textos dramáticos anteriores, mantendo, no entanto, uma feição realista no cenário e nos diálogos, Sartre faz-nos acompanhar o itinerário ou a peregrinação existencial de Goetz para nos mostrar que o homem que crê em Deus aliena a sua humanidade, pelo que só negando Deus e uma moral absoluta e convertendo-se ao homem e construindo uma moral histórica, humana e particular ele verdadeiramente se salva, pois Deus e o Diabo ambos destroem o homem.[10] Assim, como Sartre faz concluir Goetz, "se Deus existe, o homem é nada, se o homem existe", Deus

---

[9] *Idem*, p. 313.
[10] Cf. *op. cit.*, p. 314.

morreu.[11] E acrescenta o protagonista: "Matei Deus porque ele me separava dos homens e eis que a sua morte ainda me isola mais. Não posso suportar que este grande cadáver envenene as minhas amizades humanas", para, logo em seguida, interrogar-se: "Se não há Deus, porque estou eu só, quando queria viver com todos os homens?".[12]

Através desta ação dramática, este "ateu providencial", como o chamou Mauriac,[13] pretende mostrar que Deus e o Diabo se equivalem e impedem ambos a plena realização do homem, que é o único e supremo autor do seu destino, com o risco e a angústia da responsabilidade das suas escolhas livres, cabendo-lhe criar a sua própria moral.

Por último, penso dever ainda notar que a leitura atual da obra dramática sartreana me parece revelar uma hierarquia valorativa entre as suas peças, diversa da que foi estabelecida ou era vigente na época em que foram surgindo e levadas à cena, pois, se continua a ser para mim inquestionável que as de maior valor dramático e significado literário são *Le Diable et le Bon Dieu* e *Les Séquestrés d'Altona*, já *Huis Clos* se me afigura ter envelhecido irremediavelmente, enquanto *Les Mains Sales* e *Nekrassov* resistiram, vitoriosamente, à inclemente passagem do tempo, revelando uma força e coerência dramáticas, uma solidez de construção e uma verdade humana e teatral que, na época, não foi compreendida ou passou desapercebida, mas justifica que a elas se regresse e se lhes dê a oportunidade de serem de novo recriadas nas tábuas de um palco. Este é o repto final que aqui deixo aos nossos encenadores, quando se cumprem cem anos do nascimento do dramaturgo.

---

[11] *Le Diable et le Bon Dieu*, ato III, quadro X, cenas IV e V.
[12] *Idem*, ato III, quadro XI, cena II.
[13] "Jean-Paul Sartre, l'Athée Providentiel", *Figaro*, 26 de junho de 1951.

Esta obra foi composta em CTcP
Capa: Supremo 250g – Miolo: Pólen Soft 80g
Impressão e acabamento
Gráfica e Editora Santuário